SOS 프랑스어

말하기 첫걸음

왕 초 보 탈 출 프 로 젝 트

송주아·시원스쿨프랑스어연구소 지음 | 이은미 그림

2

S 시원스쿨닷컴

시원스쿨 SOS 프랑스어 말하기 첫걸음

왕초보 탈출 프로젝트 2탄

초판 4쇄 발행 2023년 3월 3일

지은이 송주아, 시원스쿨프랑스어연구소
펴낸곳 (주)에스제이더블유인터내셔널
펴낸이 양홍걸 이시원

홈페이지 www.siwonschool.com
주소 서울시 영등포구 국회대로74길 12 시원스쿨
교재 구입 문의 02)2014-8151
고객센터 02)6409-0878

ISBN 979-11-6150-462-9
Number 1-520606-17171799-04

Bonjour !
여러분 안녕하세요!

시원스쿨 프랑스어 대표강사 Clara입니다.

프랑스어의 '프' 자도 모르지만 프랑스어로 '말' 하고 싶으신가요?
<SOS 프랑스어 말하기 첫걸음> 이라면 가능합니다!

어눌한 인사말이 제가 구사할 수 있는 프랑스어의 전부였던 시절, 프랑스 유학길에 오르던 그날을 돌이켜 봅니다. 낯선 발음 체계를 익혀야 했던 번거로움, 까다로운 문법 때문에 골머리를 앓던 날들이 새록새록 떠오릅니다. 하지만 그 고된 시간 끝에 프랑스어에 숨겨진 아름다운 운율, 그 언어가 가진 섬세함 등 프랑스어의 진정한 매력을 알게 되었고, 비로소 프랑스어를 사랑하게 되었습니다.

이 책은 프랑스어를 처음 접하는 분들이 자주 겪는 어려움을 해결해 주는 '친절한 학습서'입니다. 입문자들이 가장 두려워하는 '까다로운 문법은 최소화'하고, 이해를 돕는 '눈높이 설명을 대폭 추가'하여 기초 지식이 없는 분들도 쉽게 배울 수 있습니다. 프랑스어로 '말'을 하고 싶은 분들, 프랑스어를 배우고 싶지만 어떻게 시작해야 할지 몰라 고민만 하던 분들, 틀에 박힌 문법 위주의 도서를 꺼리는 분들, 프랑스어를 즐겁게 배우고 싶은 분들, 이 모든 분들의 니즈를 동시에 충족할 수 있는 책이 바로 <SOS 프랑스어 말하기 첫걸음>입니다.

마라톤 선수가 풀코스를 완주하기 위해서 충분한 준비 기간이 필요한 것처럼, 프랑스어도 마찬가지로 기본기를 탄탄하게 다져야 마스터하기 쉽습니다. <SOS 프랑스어 말하기 첫걸음>은 본문을 효과적으로 이해하기 위한 밑거름인 '준비강의'로 그 스타트를 끊습니다. 또한 매 과마다 '지난 시간 떠올리기'를 통해 앞서 배운 내용을 반복함으로써 완벽하게 나의 것으로 만들 뿐 아니라, 새롭게 배우는 내용을 보다 능률적으로 습득하는 플러스 효과까지 기대할 수 있습니다. 더 나아가, 배운 내용을 제대로 기억하는지 확실하게 체크할 수 있도록 다양한 유형의 '연습 문제'도 제공합니다. 이 책의 핵심인 '말하기 강화'를 위해 '대화로 말해 보기' 코너에서는 본문의 핵심 문장으로 구성한 대화를 따라 읽으면서 실생활에서 사용 가능한 회화까지 자연스럽게 익힐 수 있습니다. 프랑스어 발음과 여러 가지 표현을 알려주는 '클라라 선생님의 꿀팁' 코너를 제공하고, 프랑스 문화를 자세히 소개하는 '문화 탐방'으로 매 과가 마무리됩니다.

이 책을 통해 여러분이 프랑스어를 배우는 데에만 그치지 않고, 그 나라가 향유하는 문화까지 알고 이해할 수 있기를, 더 나아가 프랑스의 매력을 하나씩 발견해 나갈 수 있기를 기대합니다.

여러분이 자신 있게 프랑스어로 말하는 그날까지, 저를 믿고 따라오세요!
Vouloir, C'est Pouvoir !

저자 Clara

SOS 프랑스어 말하기 첫걸음

학습 목차

머리말 003

학습 목차 004

구성과 활용 방법 006

학습 플랜 008

준비강의 1~6 010

반모음(L/LL, Y), 연음, 관사, 의문문 만들기/의문사, 인칭대명사 TU/VOUS/ON, 숫자(1~69)

Partie 01

나는 스무 살입니다.

'나는 ~ 살이다' / '나는 ~이 있다' / '나는 ~가 아프다' 말하기

1. 나는 스무 살입니다. J'ai vingt ans. 028

2. 우리는 서른 살입니다. Nous avons trente ans. 038

3. 당신은 아들이 있으세요? Est-ce que vous avez un fils ? 048

4. 나는 배가 아픕니다. J'ai mal au ventre. 058

Partie 02

이 사람은 나의 어머니입니다.

'~이 있다' / '이 ~, 그 ~, 저 ~' / '나의 ~' 말하기

5. 탁자 위에 사과가 있습니다. Il y a une pomme sur la table. 070

6. 이 영화는 재미있습니다. Ce film est intéressant. 080

7. 이 사람은 나의 어머니입니다. C'est ma mère. 090

8. 이것은 우리의 집입니다. C'est notre maison. 100

Partie 03

나는 커피를 매우 좋아합니다.

'나는 ~을 매우 좋아한다' / '어떤 ~을 좋아하니?' / ' ~은 무엇입니까?' / '~한 ~네요!' 말하기

9. 나는 커피를 매우 좋아합니다. J'adore le café. 112

10. 당신은 어떤 꽃을 좋아하세요? Vous aimez quelles fleurs ? 122

11. 당신의 국적은 무엇입니까? Quelle est votre nationalité ? 132

12. 잘생긴 소년이네요! Quel beau garçon ! 142

구성과 활용 방법

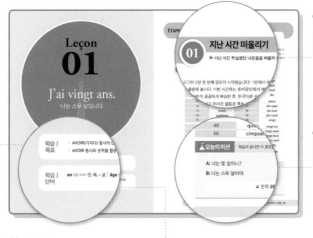

ÉTAPE 01 지난 시간 떠올리기

전 시간에 배운 내용을 복습하는 코너입니다. 배운 내용들을 한 번 더 상기하면서 완벽하게 내 것으로 만들어 보세요.

오늘의 미션

과별로 1~2개의 핵심 문장을 한국어로 제공하여 궁금증을 유발합니다. 같이 제시되는 숫자도 차근차근 익혀 보세요.

학습 목표

해당 과에서 배울 내용을 미리 살펴보고, 전체적인 학습의 얼개를 파악할 수 있습니다. 학습 목표를 보고 어떤 내용을 배울지 미리 머릿속에 그려 보세요.

학습 단어

본문에 등장하는 단어들을 한국어 독음, 품사 표시와 함께 제시합니다. 성별에 주의하며 단어를 살펴보세요.

ÉTAPE 02 오늘의 학습

핵심 내용을 학습합니다. 꼭 필요한 문법 요소를 배운 후, 입이 기억할 수 있도록 큰 소리로 여러 번 읽어 보세요.

ÉTAPE 03 대화로 말해 보기

배운 내용을 바탕으로 대화문을 구성하였습니다. 친구와 함께 대화하는 연습을 하면서 학습한 내용을 여러 번 활용해 보세요.

미션 확인

과마다 미션 문장을 프랑스어로 제시하여, 꼭 알고 넘어가야 할 문장을 짚어 줍니다. 반드시 외워서 머릿속에 차곡차곡 쌓아 보세요.

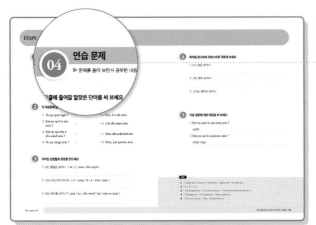

ÉTAPE 04 연습 문제

주어진 낱말로 문장 만들기, 적절한 대답 연결하기, 단어 배열하여 문장 만들기 등 다양한 유형의 문제를 제공합니다. 틀린 문제를 중심으로 보완할 점을 파악하여 프랑스어를 완벽하게 마스터해 보세요.

ÉTAPE 05 표현 더하기

프랑스의 요리, 디저트에 얽힌 에피소드와 함께 다양한 표현을 제시합니다. 간단하게 익혀서 실생활에 직접 활용해 보세요.

클라라 선생님의 꿀팁

프랑스어 발음을 어려워하는 분들을 위해 매 강마다 꿀팁을 제시하고, 여러가지 표현도 알려드립니다. 선생님의 꿀팁을 참고하여 프랑스어 발음과 표현들을 정복해 보세요.

문화 탐방

프랑스의 유명 먹거리, 관광지, 역사 등 문화 전반과 관련된 다양한 내용을 담아 읽을 거리를 제공합니다. 재미있는 글과 함께 프랑스 문화에 한 발짝 다가가 보세요.

십자말풀이

복습 과마다 학습했던 단어를 활용한 십자말풀이를 제공합니다. 배운 단어를 떠올리며 재미있게 문제를 풀어 보세요.

*십자말풀이는 1~3탄 시리즈 중 1탄과 3탄에 제공됩니다.

SOS 프랑스어 말하기 첫걸음
학습 플랜

프랑스어를 차근차근 배우고 싶은 분들을 위한 두 달 완성 플랜입니다. 두 달 동안 꾸준히 시간을 투자하면서 천천히, 꼼꼼하게 학습해 보세요. 공부한 횟수를 체크하면서 여러 번 반복 학습하면 더 좋습니다.

START!
1개월차

GOAL!
1개월

월	화	수	목	금
준비강의 1, 2 ☐ ☐ ☐	준비강의 3, 4 ☐ ☐ ☐	준비강의 5, 6 ☐ ☐ ☐	PARTE 01 1강 ☐ ☐ ☐	PARTE 01 2강 ☐ ☐ ☐
PARTE 01 1~2강 복습 ☐ ☐ ☐	PARTE 01 3강 ☐ ☐ ☐	PARTE 01 4강 ☐ ☐ ☐	PARTE 01 3~4강 복습 ☐ ☐ ☐	PARTE 02 5강 ☐ ☐ ☐
PARTE 02 6강 ☐ ☐ ☐	PARTE 02 5~6강 복습 ☐ ☐ ☐	PARTE 02 7강 ☐ ☐ ☐	PARTE 02 8강 ☐ ☐ ☐	PARTE 02 7~8강 복습 ☐ ☐ ☐
PARTE 03 9강 ☐ ☐ ☐	PARTE 03 10강 ☐ ☐ ☐	PARTE 03 9~10강 복습 ☐ ☐ ☐	PARTE 03 11강 ☐ ☐ ☐	PARTE 03 12강 ☐ ☐ ☐

나만의 1개월 목표를 세워 보세요!

START!
2개월차

GOAL!
2개월

월	화	수	목	금
PARTE 03 11~12강 복습 ☐☐☐	PARTE 04 13강 ☐☐☐	PARTE 04 14강 ☐☐☐	PARTE 04 13~14강 복습 ☐☐☐	PARTE 05 15강 ☐☐☐
PARTE 05 16강 ☐☐☐	PARTE 05 15~16강 복습 ☐☐☐	PARTE 06 17강 ☐☐☐	PARTE 06 18강 ☐☐☐	PARTE 06 17~18강 복습 ☐☐☐
PARTE 06 19강 ☐☐☐	PARTE 06 20강 ☐☐☐	PARTE 06 19~20강 복습 ☐☐☐	PARTE 07 21강 ☐☐☐	PARTE 07 22강 ☐☐☐
PARTE 07 21~22강 복습 ☐☐☐	PARTE 07 23강 ☐☐☐	PARTE 07 24강 ☐☐☐	PARTE 07 23~24강 복습 ☐☐☐	1~24강 최종 복습 ☐☐☐

나만의 2개월 목표를 세워 보세요!

반모음(L/LL, Y)

학습 목표

1. 프랑스어 반모음(L/LL, Y) 읽고 말하기
2. 단어를 통해 반모음 발음 익히기

여러분 반갑습니다!

<SOS 프랑스어 말하기 첫걸음 2탄>이 시작되었습니다! 2탄 준비강의에서는 프랑스어 학습의 기본이 되는 발음, 관사, 의문사, 숫자 등의 핵심 요소들을 함께 배울 예정인데요. 마라톤을 앞둔 선수들이 전력 질주를 위한 토대를 착실하게 쌓아 가는 것처럼, 프랑스어 학습도 마찬가지예요. 그동안 배워 온 지식 위에 새로운 지식을 쌓을 수 있도록 체계적인 준비 운동이 필요하답니다. 더욱 효과적인 프랑스어 학습을 위해 앞으로 여섯 차례에 걸친 준비강의로 기초를 탄탄하게 다져 보겠습니다.

반모음 L/LL

준비강의의 첫 번째 주제는 반모음입니다. 반모음은 말 그대로 반쪽 짜리 모음을 의미합니다. 모든 프랑스어 단어는 음절의 구분에 따라 발음이 결정되는데요. 반모음은 스스로 음절을 이루는 것이 불가능하기 때문에 다른 모음에 붙어 한 음절로 발음된답니다. 함께 배워 볼까요?

ill [j] 이으	**famille** [파미으] **fille** [피으]
ail, aill [aj] 아이으	**travail** [트하바이으] **Versailles** [베흐싸이으]
eil, eill [ɛj] 에이으	**soleil** [쏠레이으] **Marseille** [마흐쎄이으]

★예외

ill [il] 일	**mille** [밀] **ville** [빌]

> **Tip** ill이 [일]로 발음되는 예외적인 경우를 구분하는 규칙이 없기 때문에 예외 사항은 반드시 외워 주어야 합니다.

 ## 반모음 Y

이번에는 반모음 Y에 대해 구체적으로 알아봅시다. 모음 y의 앞에 a, o ,u에 해당하는 모음이 오는 경우, 두 모음을 독립적인 음절로 구분하여 읽는 것이 아니라 한 음절로 읽어 주어야 합니다. 보다 쉽게 설명하기 위해서 아래에 간략한 공식을 적어 두었습니다. y 앞에 모음 a, o, u가 오는 경우에는 y를 i 두 개로 나누어 읽어 주세요. 함께 읽어 볼까요?

Y = i + i

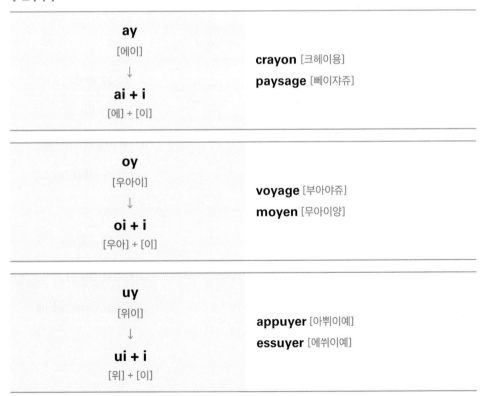

ay [에이] ↓ **ai + i** [에] + [이]	**crayon** [크헤이용] **paysage** [뻬이쟈쥬]
oy [우아이] ↓ **oi + i** [우아] + [이]	**voyage** [부아야쥬] **moyen** [무아이양]
uy [위이] ↓ **ui + i** [위] + [이]	**appuyer** [아쀠이예] **essuyer** [에쒸이예]

프랑스어 연음

1. 프랑스어 연음 학습하기
2. 예시를 통해 연음해야 하는 경우와 연음하면 안 되는 경우 구분하기

반드시 연음하는 경우

준비강의 두 번째 시간입니다. 프랑스어에는 '연음(la liaison)'이 있는데요. 발음되지 않는 단어 마지막 자음이 모음으로 시작하는 다음 단어와 만나면서 생기는 발음입니다. 연음을 해야 하는 부분에서 연음하지 않거나, 연음을 하지 말아야 하는 부분에서 연음하는 경우 소통이 제대로 되지 않을 수 있습니다. 따라서 원활한 대화를 하기 위해서는 연음에 대해 정확히 아는 것이 매우 중요하겠죠? 먼저 연음을 꼭 해야 하는 경우부터 알아보도록 하겠습니다.

1) 관사 + 명사

(한 명의, 어떤) 학생	→ un étudiant
(몇몇의) 학생들	→ des étudiants

2) 주어 인칭대명사 + 동사

: 주어 인칭대명사+(모음, 무음 h로 시작하는) 동사

너희는 ~이다	→ Vous êtes
그는 공부한다.	→ Il étudie.
우리는 좋아한다.	→ Nous aimons.
그녀들은 산다.	→ Elles habitent.

3) C'est 다음에

이것은 펜이다.	→ C'est un stylo.
이것은 탁자이다.	→ C'est une table.

4) 합성어

 미국   ➡ les États-Unis

 샹젤리제 거리   ➡ les Champs-Élysées

> **Tip**   단어 사이에 '-' 표시가 있으면 합성어라는 의미입니다.

② 연음하면 안 되는 경우

이번에는 연음을 해서는 안 되는 경우에 대해 알아보겠습니다. 실수하는 일이 없도록 확실하게 기억해 두어야겠죠? 같이 살펴봅시다.

1) et 다음에

 21   ➡ vingt et un

 그리고 그녀는 배우야.   ➡ Et elle est comédienne.

> **Tip**   21을 발음할 때, vingt과 et는 연음해야 하지만 et와 un은 연음하지 않습니다.

2) 고유 명사 다음에

 파리와 런던   ➡ Paris et Londres

 루이는 학생이다.   ➡ Louis est étudiant.

> **Tip**   사람의 이름, 도시명과 같은 고유 명사 다음에는 모음이 오더라도 연음하지 않습니다.

Pré 03 프랑스어 관사

学习目标 학습 목표

1. 프랑스어 관사(부정관사, 정관사) 복습하기
2. 예시를 통해 부정관사와 정관사 활용하기

❶ 부정관사

준비강의 세 번째 시간입니다. 프랑스어의 모든 명사는 관사와 짝을 이루기 때문에 상황에 맞게 적절한 관사를 써 주는 것이 중요해요. 그래서 이번 시간에는 부정관사와 정관사의 쓰임에 대해 좀 더 구체적으로 알아볼까 합니다. 잘 따라와 주세요!

1) 의미: (정해지지 않은) 어떤, 하나의, 몇몇의

부정관사는 영어의 a에 해당합니다. 즉, 특정하게 정해지지 않은 대상, 처음 언급되는 대상, 듣는 이도 말하는 이도 잘 모르는 어떠한 대상에 대해 이야기할 때 사용하는 관사인데요. 예를 들어 볼까요? 펜이 필요하다고 가정해 봅시다. 당장 옆에 있는 사람에게 '펜 하나가 필요해'라고 한다면 어떤 관사를 사용해야 할까요? 바로 부정관사입니다. 특정한 펜이 필요한 것이 아닌, 그저 아무 펜 하나가 필요한 것이기 때문이죠. 그럼 함께 부정관사를 살펴봅시다.

	남성	여성
단수	un	une
복수	des	

- (어떤, 하나의) 책 → un livre
- (어떤, 하나의) 꽃 → une fleur
- (몇몇의) 강아지들 → des chiens
- (몇몇의) 고양이들 → des chats

❷ 정관사

1) 의미: (정해진) 그

정관사는 영어의 the에 해당합니다. 즉, 특정하게 정해진 '그 대상', 대화에서 이미 한 번 언급되어 화자와 청자 모두가 알고 있는 대상, 또는 세상에 하나밖에 없는 대상을 언급할 때 정관사를 사용하는데요. 다시 한번 예를 들어 볼까요? 이번에는 친구가 나에게서 펜을 빌려 갔다고 가정해 봅시다. 친구에게 빌려줬던 펜을 돌려 달라고 얘기해야겠죠? 'ㅇㅇ야, 나에게 펜 돌려줘'라고 이야기할 때 어떤 관사를 써야 할까요? 바로 정관사입니다. 이미 얘기한 적이 있어서 친구도 나도 알고 있는 그 펜, 특정한 펜이기 때문이죠. 이해가 되시나요? 자, 그럼 함께 정관사를 복습해 봅시다.

	남성	여성
단수	le (l')	la (l')
복수	les	

- 그 책 → le livre
- 그 꽃 → la fleur
- 그 (남)학생 → l'étudiant
- 그 학교 → l'école
- 그 강아지들 → les chiens
- 그 고양이들 → les chats

Tip 이미 언급했거나 화자와 청자 모두가 알고 있는 명사의 경우 정관사를 사용합니다.

2) 정관사 사용

❶ 총체적인 것을 나타낼 때

기호를 나타내는 동사 뒤에 명사가 올 때 정관사를 사용한다는 것, 기억하고 있나요? 대화에 언급되는 사람이나 사물을 총칭하여 일반적인 개념으로 쓰는 경우에 정관사를 사용하는데요. '커피를 좋아한다'라는 말을 할 때도 '그 커피'를 좋아한다는 의미보다는 '커피'라는 일반적인 개념을 좋아한다는 뜻이기 때문에 정관사를 사용한답니다.

- 나는 커피를 좋아해. → J'aime le café.
- 나는 음악을 좋아해. → J'aime la musique.

Tip aimer 동사와 같이 기호를 나타내는 동사 뒤에 명사가 올 때는 늘 정관사를 사용합니다.

❷ 유일한 대상 앞에서

정관사의 용법에 대해 이야기하며 잠시 언급했다시피, 세상에 단 하나밖에 없는 대상에 대해 말할 때는 정관사를 사용합니다. 즉, 하늘에 떠 있는 해와 달, 국가명, 언어명을 비롯하여 문화유산이나 건물명에도 정관사를 사용해야 합니다. 구체적인 예를 살펴볼까요?

ex) 태양, 달, 프랑스(국가명), 프랑스어(언어명), 에펠탑, 샹젤리제 거리, 루브르 박물관...

태양	달
le soleil	la lune
[르 쏠레이으]	[라 뤼느]

루브르 박물관	에펠탑
le musée du Louvre	la tour Eiffel
[르 뮈제 뒤 루브흐]	[라 뚜흐 에펠]

샹젤리제 거리
les Champs-Élysées
[레 샹젤리제]

의문문 만들기/의문사

Pré 04

학습 목표

1. 의문문을 만드는 방법 두 가지 학습하기
2. 다양한 의문사를 활용하여 의문문 만들기

프랑스어 의문문 만들기

네 번째 준비강의 시간입니다. 이번 시간에는 프랑스어 의문문 만드는 방법에 대해 이야기해 볼까 해요. 여러분이 이미 익숙하게 알고 있는 의문문 표현에는 어떤 것들이 있었죠? 바로 평서문 끝에 물음표를 붙이고 억양을 높이는 방법이 있었는데요. 이렇게 의문문 만드는 방법을 복습한 후, 새로운 의문문 표현도 알려드릴게요!

1) 평서문 + ? (억양 ↗)

🦷 너는 치과 의사이다. ➡ Tu es dentiste.

🦷 너는 치과 의사니? ➡ Tu es dentiste ?

2) Est-ce que + 평서문 + ?

평서문에 물음표를 추가하는 방법은 의문문을 만드는 가장 쉬운 방법이지만, 그만큼 구어적인 표현이기도 합니다. 이번에는 '평서문+?' 형태의 의문문만큼이나 상용화된 표현이면서도 구어, 문어에 모두 사용할 수 있는 의문문 표현을 알려드릴게요. 바로 est-ce que 의문문입니다. 평서문 앞에 est-ce que를 붙이고 억양만 높여 주면 되는데요. est-ce que는 특별한 의미가 없이 의문문을 만들기 위해 사용되는 표현이랍니다. est-ce que의 que는 모음으로 끝나기 때문에 뒤따르는 주어가 모음으로 시작하는 경우 모음 축약이 일어나겠죠? 함께 의문문을 만들어 봅시다.

🦷 너는 치과 의사이다. ➡ Tu es dentiste.

🦷 너는 치과 의사니? ➡ Est-ce que tu es dentiste ?

🦷 그는 잘생겼다. ➡ Il est beau.

🦷 그는 잘생겼니? ➡ Est-ce qu'il est beau ?

🦷 그녀는 프랑스에 간다. ➡ Elle va en France.

🦷 그녀는 프랑스에 가니? ➡ Est-ce qu'elle va en France ?

> **Tip** est-ce que 다음에 il, elle이 오면 모음 축약이 일어납니다.

의문사

항상 '예, 아니오'로만 대답 가능한 질문을 할 수는 없겠죠? 여섯 가지 의문사를 학습하여 좀 더 구체적인 의문 표현을 해 보도록 합시다. 먼저 천천히 읽어 본 후에 하나씩 자세하게 다뤄 볼게요.

누구 **Qui** [끼]	언제 **Quand** [껑]	어디 **Où** [우]
무엇 **Quoi / Que** [꾸아] / [끄]	어떻게 **Comment** [꼬멍]	왜 **Pourquoi** [뿌흐꾸아]

> **Tip** 의문사 '무엇'은 왜 두 가지인지 궁금한 분들이 계실 텐데요. '무엇'은 문장의 어느 곳에 위치하느냐에 따라 그 형태가 달라지기 때문이에요. '문장의 끝에 무엇이 올 때'는 quoi, '문장의 앞에 무엇이 올 때'는 que를 써 줍니다. 꼭 기억해 주세요!

이제 본격적으로 의문사를 활용한 의문문 표현을 만들어 보겠습니다. '언제 Quand, 어디 Où, 무엇 Quoi/Que'과 같은 의문사를 활용한 의문문의 경우, 문두에 의문사가 올 때 의문사의 뒤에 est-ce que를 붙여 줘야 합니다. 이 점에 유의하면서 함께 의문문을 만들어 볼까요?

1) 누구 Qui

누구니? (누구세요?)	**C'est qui ?** **Qui est-ce ?**

2) 언제 Quand

 언제? (언제야?)   ➡ C'est quand ?

 언제 너는 프랑스에 가니?   ➡ Quand est-ce que tu vas en France ?

 언제 그는 프랑스에 가니?   ➡ Quand est-ce qu'il va en France ?

> **Tip** quand이 문장의 앞에 오는 경우, 의문사 quand 뒤에 est-ce que를 붙입니다.

3) 어디 Où

너는 어디 가니?	**Tu vas où ?** **Où est-ce que tu vas ?**

> **Tip** où가 문장의 앞에 오는 경우, 의문사 où 뒤에 est-ce que를 붙입니다.

4) 무엇 Quoi, Que

이것은 무엇이니?	**C'est quoi ?** **Qu'est-ce que c'est ?**

> **Tip** 의문사 '무엇'이 문장의 끝에 오면 quoi, 문장의 앞에 오면 que가 된다는 점, 다시 한번 기억해 주세요!

5) 어떻게 Comment

✔ 어떻게? / 뭐라고요?	➡ Comment ?
✔ 어떻게 지내?	➡ Comment ça va ?

> **Tip** quoi ?는 매우 구어적인 표현으로, 아주 친밀한 사이가 아니라면 지양하는 것이 좋습니다. '뭐라고요?'라고 말할 때는 'comment ?'을 써 줍니다.

6) 왜 Pourquoi

✔ 왜?	➡ Pourquoi ?
✔ 왜 너는 프랑스에 가니?	➡ Pourquoi tu vas en France ?

'왜?'라고 물어보면 보통 '왜냐하면' 하고 말하며 이유를 알려주죠? 프랑스어로 '왜냐하면'에 해당하는 접속사는 parce que인데요. parce que 뒤에 평서문만 붙이면 원인을 설명하는 표현이 완성된답니다. 아주 간단하죠?

❶ 왜냐하면 Parce que

✔ 왜냐하면 나는 프랑스를 좋아하기 때문이야.	➡ Parce que j'aime la France.
✔ 왜냐하면 나는 프랑스어를 공부하기 때문이야.	➡ Parce que j'étudie le français.

인칭대명사 TU/VOUS/ON

Pré 05

학습 목표

1. 주어 인칭대명사 VOUS의 또 다른 쓰임 알아보기
2. VOUS와 TU 비교하기
3. 인칭대명사 ON 학습하기

인칭대명사 TU와 VOUS

다섯 번째 준비강의 시간입니다. 이번 시간에는 인칭대명사 vous의 또 다른 용법에 대해 알아보려고 해요. 우리가 기본적으로 알고 있는 주어 인칭대명사 vous의 의미는 '너희' 즉, tu의 복수의 의미를 가집니다. 그런데 vous는 '너희'라는 의미뿐만 아니라 tu의 존칭으로써 '당신'이라는 의미도 가진답니다. 그렇다면 어떻게 vous의 의미를 구분할 수 있을까요? 지금부터 알려드리겠습니다.

Tu 너	Vous 너희
	Tu(너)의 복수
격식을 차릴 필요 없는 친밀도가 높은 사이	Vous 당신
	Tu(너)의 존칭

1) Tu (너) vs Vous (너희)

먼저 vous가 '너희'를 뜻하는 경우부터 살펴봅시다. 이 경우, 주어가 복수이기 때문에 명사는 당연히 복수형으로 써 줘야겠죠? '너희는 치과 의사니?'라는 물음에도 주어 인칭대명사 nous(우리)를 활용하여 대답해야 한답니다.

너는 치과 의사이다.	→ Tu es dentiste.
너희는 치과 의사이다.	→ Vous êtes dentistes.
너희는 치과 의사니?	→ Vous êtes dentistes ?
응, 우리는 치과 의사야.	→ Oui, nous sommes dentistes.

2) Tu (너) vs Vous (당신)

문장에서 사용된 vous가 '당신'을 의미하는 경우, '당신'은 여러 명이 아닌 한 명을 의미하기 때문에 명사도 단수형으로 써야 합니다. '당신은 치과 의사입니까?'라는 물음에도 주어 je(나)를 활용하여 대답해야 해요. vous가 여성일 때 명사도 여성형을 써 준다는 것, 잊지 마세요!

✓ 너는 치과 의사이다.	➡ Tu es dentiste.
✓ 당신은 치과 의사입니다.	➡ Vous êtes dentiste.
✓ 당신은 치과 의사입니까?	➡ Vous êtes dentiste ?
✓ 네, 나는 치과 의사입니다.	➡ Oui, je suis dentiste.
✓ 너는 (여)학생이다.	➡ Tu es étudiante.
✓ 당신은 (여)학생입니다.	➡ Vous êtes étudiante.

② 인칭대명사 ON

이번에는 새로운 주어 인칭대명사 on을 학습해 보도록 하겠습니다. on은 '우리'를 의미하며, 우리가 이미 잘 알고 있는 주어 nous와 동일하다고 생각하면 쉬워요. 즉, '우리'가 들어가는 문장을 만들 때, nous와 on 모두 사용할 수 있다는 것이죠. 동사 변화는 3인칭 단수 il, elle일 때와 같습니다. 실제로 프랑스인들은 nous보다 더 짧고 동사 변화도 간단한 on을 일상생활에서 자주 사용하니 잘 알아 두면 좋겠죠?

> **인칭대명사 ON의 특징**
> - on = 우리 nous
> - 동사 변화 3인칭 단수 (il, elle) 형태와 동일

1) On (우리) = Nous

우리는 프랑스어를 말한다.	**Nous parlons français.** **= On parle français.**
우리는 카페에 간다.	**Nous allons au café.** **= On va au café.**
너희는 카페에 가니?	**Vous allez au café ?**
응, 우리는 카페에 가.	**Oui, nous allons au café.** **Oui, on va au café.**
Vous allez où ?	**Nous allons au café.** **On va au café.** **Je vais au café.**

> **Tip** 위 질문에서 vous는 '너희'라는 뜻도 갖지만 '당신'이라는 뜻도 갖기 때문에 nous, on, je를 활용하여 대답할 수 있습니다.

숫자 1~69

학습 목표

1. 1부터 69까지 숫자 익히기
2. 숫자를 정확하게 읽고 쓰는 연습하기

 숫자 1~20

드디어 마지막 준비강의 시간입니다! 이번 시간에는 1부터 69까지의 숫자를 배워 볼 텐데요. 1강에서 날짜 표현을 배울 예정이므로 숫자를 정확하게 알고 지나가면 1강이 훨씬 쉽게 느껴질 거예요. 먼저, 1탄에서 매 강의를 거듭하며 하나씩 배워 온 1부터 20까지의 숫자를 복습해 보겠습니다.

1	un	6	six
2	deux	7	sept
3	trois	8	huit
4	quatre	9	neuf
5	cinq	10	dix
11	onze	16	seize
12	douze	17	dix-sept
13	treize	18	dix-huit
14	quatorze	19	dix-neuf
15	quinze	20	vingt

2 숫자 20~69

이제 20부터 69까지의 숫자를 쭉 이어서 배워 볼 텐데요. 한 가지 중요한 규칙을 알려드릴게요. 일의 자리에 1이 오는 경우, et un(그리고 1)을 활용하여 표현한답니다. 나머지 2부터 9까지는 '-'를 활용하여 십의 자리 숫자와 일의 자리 숫자를 이어 줍니다.

> **20부터 69까지 숫자 형태**
> - 21 ▶ 20 et 1 (30 et 1, 40 et 1, 50 et 1, 60 et 1)
> - 22 ▶ 20 - 2
> - 23 ▶ 20 - 3
>   …

Tip 21, 31, 41… 등 1이 들어갈 때만 et un의 형태로 씁니다.

21	**vingt et un**	26	**vingt-six**
22	**vingt-deux**	27	**vingt-sept**
23	**vingt-trois**	28	**vingt-huit**
24	**vingt-quatre**	29	**vingt-neuf**
25	**vingt-cinq**	30	trente
31	**trente et un**	36	**trente-six**
32	**trente-deux**	37	**trente-sept**
33	**trente-trois**	38	**trente-huit**

34	trente-quatre	39	trente-neuf
35	trente-cinq	40	quarante

41	quarante et un	46	quarante-six
42	quarante-deux	47	quarante-sept
43	quarante-trois	48	quarante-huit
44	quarante-quatre	49	quarante-neuf
45	quarante-cinq	50	cinquante

51	cinquante et un	60	soixante
52	cinquante-deux	61	soixante et un
...			
59	cinquante-neuf	69	soixante-neuf

이제 본격적으로 강의에 들어가기 위한 모든 준비를 마쳤는데요. 기본 베이스를 탄탄하게 다진 만큼, 앞으로 배울 내용들도 더 즐겁게, 효과적으로 학습할 수 있을 거라 확신합니다! 지금부터 뛸 준비가 되셨나요? 그럼 다음 시간에 활기찬 모습으로 본 강의에서 다시 만나요!

Partie 01

나는 스무 살입니다.

학습 목표 '나는 ~ 살이다' / '나는 ~이 있다' / '나는 ~가 아프다' 말하기

J'ai vingt ans.

Leçon

01

J'ai vingt ans.
나는 스무 살입니다.

학습 목표	· AVOIR(가지다) 동사의 단수 인칭 변형 학습하기
	· AVOIR 동사와 숫자를 활용하여 나이 말하기

학습 단어	**an** [엉] n.m. 연, 해, ~ 살 | **âge** [아쥬] n.m. 나이, 연령 | **macaron** [마까홍] n.m. 마카롱

ÉTAPE 01 지난 시간 떠올리기

▶ 지난 시간 학습했던 내용들을 떠올려 볼까요?

드디어 2탄 첫 번째 강의가 시작됐습니다! 1탄에서 배웠던 내용들을 떠올리면서 설레는 마음을 가득 안고 출발해 봅시다. 이번 시간에는 준비강의에서 배웠던 숫자들을 활용하여 나이를 표현해 볼 텐데요. 1부터 69까지 꼼꼼하게 복습한 후, 한국어로 숫자를 이야기하면 프랑스어로 바로 대답할 수 있도록 완벽하게 외워 봅시다. 어려운 발음은 특히 신경 써서 말해 보세요.

 숫자 1~69

1	un	6	six
2	deux	7	sept
3	trois	8	huit
4	quatre	9	neuf
5	cinq	10	dix

11	onze	16	seize
12	douze	17	dix-sept
13	treize	18	dix-huit
14	quatorze	19	dix-neuf
15	quinze	20	vingt

21	vingt et un	26	vingt-six
22	vingt-deux	27	vingt-sept
23	vingt-trois	28	vingt-huit
24	vingt-quatre	29	vingt-neuf
25	vingt-cinq	30	trente

40	quarante	60	soixante
50	cinquante		

🔺오늘의 미션 학습이 끝나면 이 문장을 완벽하게 말할 수 있어요!

A: 너는 몇 살이니?

B: 나는 스무 살이야.

☝ 숫자 **26 vingt-six** [방 씨쓰]

오늘의 학습

▶ 오늘 배울 내용들을 살펴보고, 머릿속에 차곡차곡 담아 볼까요?

숫자들을 완벽하게 복습했으니, 이제 본격적으로 나이를 표현해 보겠습니다. 프랑스에서는 나이를 이야기할 때 avoir 동사를 활용하여 '~ 살을 가지고 있다'라고 표현합니다. 그래서 오늘은 '가지다, 소유하다'라는 뜻의 avoir 동사 단수 인칭 변형을 배울 거예요. avoir 동사는 3군 불규칙 동사랍니다. 기억해 주세요!

 가지다, 소유하다 avoir [아부아흐] (단수 인칭 변형)

주어는	가지고 있다
J'	ai [제]
Tu	as [아]
Il	a [아]
Elle	

> **Tip** il a [일라], elle a [엘라]로 연음합니다.

✔ 확인 체크 avoir 동사의 현재 시제 단수 인칭 변형을 떠올리면서 써 봅시다.

주어는	가지고 있다
J'	✎
Tu	✎
Il	✎
Elle	✎

 연, 해, ~ 살 an [엉]

avoir 동사를 학습했으니 이제 '~ 살'만 말할 수 있으면 나이 표현이 가능하겠죠? '연, 해, ~ 살'에 해당하는 명사는 프랑스어로 an이며, an은 남성 명사입니다. 따라서 숫자 뒤에 an만 붙이면 '~ 살'이 되는데요. 1을 제외한 나머지 숫자는 복수로 취급하여 an 뒤에 s를 붙여야 하고, 숫자와 an은 부드럽게 연음한다는 것도 꼭 기억해 주세요.

③ ~ 살이다

avoir + 숫자 + an(s)

un	un an
deux	deux an**s**
trois	trois an**s**
quatre	quatre an**s**
cinq	cinq an**s**

> **Tip** 1을 제외한 나머지 숫자 뒤에 an이 올 경우 복수 형태로 쓰입니다.

six	six an**s**
sept	sept an**s**
huit	huit an**s**
neuf	neuf an**s**
dix	dix an**s**

> **Tip** f로 끝나는 단어와 모음으로 시작하는 단어를 연음하면 [v]로 소리가 납니다. neuf_ans [뇌벙]

- 나는 아홉 살이다. → J'ai neuf ans.
- 너는 아홉 살이다. → Tu as neuf ans.
- 그는 아홉 살이다. → Il a neuf ans.
- 그녀는 아홉 살이다. → Elle a neuf ans.

onze	onze an**s**
douze	douze an**s**
treize	treize an**s**
quatorze	quatorze an**s**
quinze	quinze an**s**
seize	seize an**s**
dix-sept	dix-sept an**s**

dix-huit	dix-huit an**s**
dix-neuf	dix-neuf an**s**
vingt	vingt an**s**

 나는 스무 살이다. → J'ai vingt ans.

☑ 너는 스무 살이다. → Tu as vingt ans.

☑ 그는 스무 살이다. → Il a vingt ans.

☑ 그녀는 스무 살이다. → Elle a vingt ans.

4 부정문 ne pas avoir

'나는 ~ 살이 아니야'라는 부정 표현도 할 수 있어야겠죠? 부정문을 만들 때는 ne와 동사 사이의 모음 충돌에 유의해 주세요.

주어는	가지고 있지 않다
Je	n'ai pas [네 빠]
Tu	n'as pas [나 빠]
Il	n'a pas [나 빠]
Elle	

> **Tip** 부정문에서 ne와 avoir 동사는 모음 축약이 일어납니다.

 나는 스무 살이 아니다. → Je n'ai pas vingt ans.

☑ 너는 스무 살이 아니다. → Tu n'as pas vingt ans.

☑ 그는 스무 살이 아니다. → Il n'a pas vingt ans.

☑ 그녀는 스무 살이 아니다. → Elle n'a pas vingt ans.

이번 강을 마치기 전에 나이를 물어보는 표현도 배워 보면 좋을 것 같아요. 영어의 how old are you?에 해당하는 표현을 알려드릴게요! âge는 '나이, 연령'이라는 뜻의 남성 명사입니다. 이 단어를 사용해서 상대방에게 나이를 묻는 문장을 만들어 보고, 상황에 맞게 활용해 봅시다.

☑ 너는 몇 살이니? → Tu as quel âge ?
　　　　　　　　　　　뛰　아　껠라쥬

ÉTAPE **03** # 대화로 말해 보기

▶ 오늘 배운 문장들을 활용하여 대화를 나눠 봐요!

A ┃ 너는 몇 살이니? → Tu as quel âge ?

B ┃ 나는 아홉 살이야. → J'ai neuf ans.

A ┃ 너는 아홉 살이니? → Est-ce que tu as neuf ans ?

B ┃ 아니, 나는 아홉 살이 아니야. → Non, je n'ai pas neuf ans.
　　나는 스무 살이야. 　　J'ai vingt ans.

미션 확인 오늘의 핵심 문장을 완벽하게 외워 봅시다.

A: 너는 몇 살이니? → Tu as quel âge ?

B: 나는 스무 살이야. → J'ai vingt ans.

1 밑줄에 들어갈 알맞은 단어를 써 보세요.

1. 네 살 _____

2. 여덟 살 _____

3. 열세 살 _____

4. 열다섯 살 _____

5. 열일곱 살 _____

2 각 의문문에 알맞은 대답을 연결해 보세요.

1. Tu as quel âge ? • • a. Oui, il a six ans.

2. Est-ce qu'il a six ans ? • • b. J'ai dix-sept ans.

3. Est-ce qu'elle a dix-neuf ans ? • • c. Non, elle a dix-huit ans.

4. Tu as vingt ans ? • • d. Non, j'ai quinze ans.

3 주어진 낱말들로 문장을 만드세요.

1. 나는 열일곱 살이다. (ai / j' / ans / dix-sept)

_____

2. 그는 다섯 살이 아니다. (n' / cinq / il / a / ans / pas)

_____

3. 너는 열아홉 살이니? (ans / tu / dix-neuf / as / est-ce que)

_____

해석을 참고하여 프랑스어로 작문해 보세요.

1. 나는 일곱 살이다.

_____

2. 그는 열두 살이다.

_____

3. 그녀는 열여섯 살이다.

_____

 다음 질문에 대한 대답을 써 보세요.

1. Est-ce que tu as cinq ans ?

(긍정) _____

2. Est-ce qu'il a quinze ans ?

(부정/14살) _____

정답

1 1. quatre ans 2. huit ans 3. treize ans 4. quinze ans 5. dix-sept ans

2 1. b 2. a 3. c 4. d

3 1. J'ai dix-sept ans. 2. Il n'a pas cinq ans. 3. Est-ce que tu as dix-neuf ans ?

4 1. J'ai sept ans. 2. Il a douze ans. 3. Elle a seize ans.

5 1. Oui, j'ai cinq ans. 2. Non, il a quatorze ans.

ÉTAPE 05 표현 더하기

▶ 오늘 배운 내용과 관련된 다양한 표현을 익혀 봐요!

마카롱
macaron [마꺄홍]

프랑스의 대표 과자 중 하나인 마카롱을 소개합니다. 쫀득한 식감, 달콤한 맛으로 많은 사랑을 받고 있는 마카롱은 한국에서도 이미 오래 전부터 인기가 많은 디저트인데요. 크기가 작은 편이라 만들기 쉬워 보이지만 결코 그렇지 않습니다. 계란 흰자를 한참 휘저어 거품을 내서 만들어야 하는 고난도 디저트예요. 만들기가 쉽지는 않지만, 달콤한 디저트를 좋아하시는 분들은 한번 도전해 보세요. 고난 끝에 극강의 달콤함이 기분을 좋게 만들어 줄 거예요.

💡 클라라 선생님의 꿀팁

'청소년, 어른'은 어떻게 말할까요?

오늘은 **avoir** 동사와 숫자를 활용하여 나이를 소개하는 표현을 배웠습니다. 그렇다면 '나는 청소년이야, 나는 어른이야'라는 표현은 어떻게 해야 할까요? 1탄에서 배웠던 **être**(이다) 동사 뒤에 '청소년, 어른'이라는 명사만 붙이면 해당 문장을 만들 수 있어요. '청소년'은 **adolescent(e)**, '어른'은 **adulte**라고 합니다. 여성일 때는 남성 명사 뒤에 **e**를 덧붙인다는 점을 기억하면서 **être** 동사 뒤에 이 명사들을 이어서 문장을 만들어 볼까요?

Je suis adolescent(e). [쥬 쒸 아돌레썽(뜨)]   나는 청소년입니다.

Je suis adulte. [쥬 쒸 아뒬뜨]   나는 어른입니다.

France

문화 탐방 달콤 쫀득한 디저트의 대명사 '마카롱'

음식 문화

동그랗고 앙증맞은 사이즈에 알록달록 다양한 색으로 누구나 한 번쯤 맛보고 싶어 하는 프랑스의 대표 과자 마카롱, 오늘은 마카롱에 대해 조금 더 자세히 알아보려고 해요. 달걀 흰자, 설탕, 아몬드 가루 등을 섞어 만든 아삭하고 쫄깃한 머랭 사이에 잼이나 크림을 넣은 이 과자의 시작은 사실 프랑스가 아니랍니다.

마카롱의 시작은 고대 근동, 마그레브 지역의 아몬드 생산 국가들이었습니다. 그 후 14세기경 이탈리아 왕실 요리에 아몬드가 활발하게 사용되기 시작하면서 마카롱의 주재료인 아몬드 페이스트리가 탄생하게 되었죠. 하지만 프랑스에 이 아몬드 페이스트리가 들어온 것은 그로부터 무려 2세기 후인 16세기경, 이탈리아 귀족인 카트린 드 메디시스(Catherine de Médicis [꺄뜨힌느 드 메디씨스])가 프랑스의 앙리 2세(Henri II [엉히 되])와 식을 올리면서부터입니다. 그들이 결혼식을 할 무렵, 이탈리아에서 개발 중이었던 마카롱이라는 음식이 프랑스로 전파된 것이죠.

하지만 당시의 마카롱은 오늘날의 마카롱과는 거리가 멀었습니다. 머랭을 두 겹으로 겹친 모양이 아니라 한 겹으로 된 심플한 모양에 색도 다채롭지 않았어요. 20세기 초에 들어서야 프랑스 파티시에 피에르 데퐁텐(Pierre Desfontaines [삐에흐 데퐁텐느])이 새로운 레시피를 개발해 내는데요. 두 머랭 사이에 크림을 얇게 발라 동그란 샌드위치 형태로 만드는, 오늘날의 마카롱 레시피가 바로 그것이었답니다. 그는 계속해서 각양각색의 마카롱을 개발했고, 점차 입소문을 타게 되었죠. 그 종류가 얼마나 다양한지, 바닐라, 초코, 딸기, 피스타치오, 얼그레이, 레몬 등 없는 맛이 없을 정도예요.

프랑스를 방문할 계획이 있는 분들은 역사 깊은 마카롱 전문점 라뒤레(La durée [라 뒤헤])에 가 보세요! 이곳이 바로 지금의 마카롱 레시피를 개발한 파티시에가 몸담았던 제과점이랍니다. '진짜' 프랑스 마카롱을 맛보고 싶다면 꼭 들러 보세요!

Leçon
02

Nous avons trente ans.

우리는 서른 살입니다.

학습 | 목표	· AVOIR 동사의 복수 인칭 변형 학습하기
	· AVOIR 동사와 숫자를 활용하여 나이 묻고 말하기

학습 | 단어	**éclair** [에끌레흐] n.m. 에클레르, 번개

ÉTAPE 01 지난 시간 떠올리기

▶ 지난 시간 학습했던 내용들을 떠올려 볼까요?

지난 시간 우리는 avoir 동사의 단수 인칭 변형과 숫자+an(s)을 활용하여 나이를 소개하는 표현을 학습해 보았습니다. avoir 동사는 '가지다, 소유하다'라는 뜻의 3군 불규칙 동사였죠? 이번 시간에는 계속해서 복수 인칭 변형을 배워 볼 텐데요. 그 전에 복습을 통해 지난 내용을 잘 기억하고 있는지 확인해 봅시다. 준비되셨나요?

1 가지다, 소유하다 avoir [아부아흐] (단수 인칭 변형)

주어는	가지고 있다
J'	ai [제]
Tu	as [아]
Il	a [아]
Elle	

2 부정문 ne pas avoir

주어는	가지고 있지 않다
Je	n'ai pas [네 빠]
Tu	n'as pas [나 빠]
Il	n'a pas [나 빠]
Elle	

3 ~ 살이다 avoir + 숫자 + an(s)

프랑스에서는 나이를 이야기할 때 avoir 동사를 활용하여 '나는 ~ 살을 가지고 있다'라고 표현한다는 것, 잘 기억하고 있죠? 오늘도 계속해서 사용할 표현이니 'avoir+숫자+an(s)'를 다시 한번 떠올리고 넘어갑시다!

> **🔺오늘의 미션** 학습이 끝나면 이 문장을 완벽하게 말할 수 있어요!
>
> A: 너희는 몇 살이니?
> B: 우리는 서른 살이야.
>
> 📝 숫자 **27 vingt-sept** [방 쎄뜨]

오늘의 학습

▶ 오늘 배울 내용들을 살펴보고, 머릿속에 차곡차곡 담아 볼까요?

1 가지다, 소유하다 avoir [아부아흐] (복수 인칭 변형)

계속해서 avoir 동사의 복수 인칭 변형을 학습해 봅시다. avoir 동사의 복수 인칭 변형은 단수와 마찬가지로 모음으로 시작하기 때문에 주어와 동사 간 연음은 필수랍니다. 같이 읽어 볼까요?

주어는	가지고 있다
Nous	avons [아봉]
Vous	avez [아베]
Ils	ont [옹]
Elles	

 Tip   nous_avons [누자봉], vous_avez [부자베], ils_ont [일종], elles_ont [엘종]으로 연음합니다.

✔ 확인 체크   avoir 동사의 현재 시제 복수 인칭 변형을 떠올리면서 써 봅시다.

주어는	가지고 있다
Nous	✎
Vous	✎
Ils	✎
Elles	✎

2 ~ 살이다

지난 시간에는 숫자 1~20을 활용하여 나이를 표현해 보았는데요. 이번에는 21부터 60까지의 숫자들을 활용해 보려고 합니다. 1탄에서 설명했듯이, 합성어의 경우에는 단어 사이에 '-' 표시가 있답니다. 21, 31...처럼 1이 들어간 숫자를 제외한 나머지 숫자들은 합성어이기 때문에 숫자와 숫자 사이에 '-' 표시가 있다는 점을 기억하면서 함께 읽어 봅시다!

> **avoir + 숫자 + an(s)**

vingt et un	vingt et un an**s**
vingt-deux	vingt-deux an**s**
vingt-trois	vingt-trois an**s**
vingt-quatre	vingt-quatre an**s**
vingt-cinq	vingt-cinq an**s**
vingt-six	vingt-six an**s**
vingt-sept	vingt-sept an**s**
vingt-huit	vingt-huit an**s**
vingt-neuf	vingt-neuf an**s**
trente	trente an**s**

Tip 1이 들어가는 숫자를 제외한 나머지 숫자들은 합성어이므로 숫자와 숫자 사이에 '-'가 있습니다.

우리는 서른 살이다. ➡ Nous avons trente ans.

너희는/당신은 서른 살이다. ➡ Vous avez trente ans.

그들은 서른 살이다. ➡ Ils ont trente ans.

그녀들은 서른 살이다. ➡ Elles ont trente ans.

trente et un	trente et un an**s**
trente-deux	trente-deux an**s**
trente-trois	trente-trois an**s**
trente-quatre	trente-quatre an**s**
trente-cinq	trente-cinq an**s**
trente-six	trente-six an**s**
trente-sept	trente-sept an**s**
trente-huit	trente-huit an**s**
trente-neuf	trente-neuf an**s**
quarante	quarante an**s**

...

cinquante	cinquante an**s**
soixante	soixante an**s**

✔ 우리는 마흔 살이다. → Nous avons quarante ans.

✔ 너희는/당신은 마흔 살이다. → Vous avez quarante ans.

✔ 그들은 마흔 살이다. → Ils ont quarante ans.

✔ 그녀들은 마흔 살이다. → Elles ont quarante ans.

3 부정문 ne pas avoir

부정문을 만들 때, ne와 동사 사이의 모음 축약에 주의해 주세요!

주어는	가지고 있지 않다
Nous	n'avons pas [나봉 빠]
Vous	n'avez pas [나베 빠]
Ils	n'ont pas [농 빠]
Elles	

✔ 우리는 마흔 살이 아니다. → Nous n'avons pas quarante ans.

✔ 너희는/당신은 마흔 살이 아니다. → Vous n'avez pas quarante ans.

✔ 그들은 마흔 살이 아니다. → Ils n'ont pas quarante ans.

✔ 그녀들은 마흔 살이 아니다. → Elles n'ont pas quarante ans.

✔ 너희는 몇 살이니? → Vous avez quel âge ?
　　　　　　　　　　　　　부　　자베　　껠라쥬

대화로 말해 보기

▶ 오늘 배운 문장들을 활용하여 대화를 나눠 봐요!

A | 너희는 몇 살이니? → Vous avez quel âge ?

B | 우리는 서른 살이야. → Nous avons trente ans.

A | 그들은 마흔 살이니? → Est-ce qu'ils ont quarante ans ?

B | 아니, 그들은 마흔 살이 아니야. → Non, ils n'ont pas quarante ans.

그들은 서른 살이야. Ils ont trente ans.

▲ 미션 확인   오늘의 핵심 문장을 완벽하게 외워 봅시다.

A: 너희는 몇 살이니? → Vous avez quel âge ?

B: 우리는 서른 살이야. → Nous avons trente ans.

1 밑줄에 들어갈 알맞은 단어를 써 보세요.

1. 스물세 살 _____

2. 마흔 살 _____

3. 쉰 살 _____

4. 서른다섯 살 _____

2 각 의문문에 알맞은 대답을 연결해 보세요.

1. Vous avez quel âge ? •

2. Est-ce qu'ils ont quarante ans ? •

3. Est-ce qu'elles ont trente-sept ans ? •

4. Est-ce que vous avez vingt-huit ans ? •

• **a.** Nous avons cinquante ans.

• **b.** Non, ils ont trente ans.

• **c.** Oui, elles ont trente-sept ans.

• **d.** Non, nous avons vingt-sept ans.

3 주어진 낱말들로 문장을 만드세요.

1. 우리는 스물다섯 살이다. (vingt-cinq / avons / ans / nous)

_____

2. 그녀들은 서른 살이 아니다. (n' / elles / trente / ont / ans / pas)

_____

3. 그들은 스물여덟 살이다. (ils / ans / ont / vingt-huit)

_____

해석을 참고하여 프랑스어로 작문해 보세요.

1. 우리는 서른두 살이다.

_____

2. 그들은 예순 살이다.

_____

3. 그녀들은 스물세 살이다.

_____

 다음 질문에 대한 대답을 써 보세요.

1. Est-ce que vous avez vingt et un ans ?

(긍정) _____

2. Est-ce qu'elles ont trente-six ans ?

(부정/39살) _____

정답

1 1. vingt-trois ans 2. quarante ans 3. cinquante ans 4. trente-cinq ans
2 1. a 2. b 3. c 4. d
3 1. Nous avons vingt-cinq ans. 2. Elles n'ont pas trente ans. 3. Ils ont vingt-huit ans.
4 1. Nous avons trente-deux ans. 2. Ils ont soixante ans. 3. Elles ont vingt-trois ans.
5 1. Oui, nous avons vingt et un ans. / Oui, j'ai vingt et un ans. 2. Non, elles ont trente-neuf ans.

표현 더하기

▶ 오늘 배운 내용과 관련된 다양한 표현을 익혀 봐요!

에클레르
éclair [에끌레흐]

마카롱만큼이나 달달한 디저트를 찾고 계신다고요? 이번에는 길쭉한 모양의 슈 페이스트리에 부드럽고 달달한 크림으로 속을 채운 디저트, 에클레르를 소개해 드려야겠네요. 에클레르는 초코 맛, 밤 맛, 녹차 맛, 딸기 맛 등 매우 다양한 맛이 있답니다. 겉은 바삭하고, 속은 달콤한 크림으로 만들어져 부드러움과 바삭함을 동시에 느낄 수 있는 에클레르는, 위에 덧바른 퐁당 아이싱이 특징인데요. 따뜻한 차나 커피 한 잔과 함께라면 에클레르를 더 맛있게 즐기실 수 있답니다.

💡 클라라 선생님의 꿀팁

프랑스의 핸드폰 번호

우리나라의 핸드폰 번호는 **010-0000-0000** 식으로 대부분 010으로 시작하는 **11개**의 숫자로 이루어져 있죠? 번호를 말할 때에는 대부분 숫자를 하나씩 읊어 주고요. 하지만 프랑스는 다르답니다. 이번에는 프랑스의 핸드폰 번호가 몇 개의 숫자로 이루어져 있는지, 어떤 식으로 읽는지 알려드릴게요!

프랑스의 핸드폰 번호는 **06**이나 **07**로 시작하는 **10개**의 숫자로 이루어져 있습니다. **06 00 00 00 00** 또는 **07 00 00 00 00** 이런 식이죠. 또한 프랑스에서는 핸드폰 번호를 말할 때 우리나라처럼 숫자를 하나씩 읽는 것이 아니라 두 자리씩 읽습니다. 즉, **06 12 34 56 78**이 핸드폰 번호일 경우, **06 / 12 / 34 / 56 / 78** 이렇게 두 자리씩 따로 읽는 것이죠. 프랑스 핸드폰 번호 읽는 방법도 알게 됐으니, 랜덤으로 숫자를 정해서 숫자 말하는 연습을 해 보는 것도 좋을 것 같아요. 숫자를 잘 알고 있어야 프랑스 친구들과 핸드폰 번호를 교환할 때 헷갈리지 않겠죠?

문화 탐방

퐁당 아이싱에 퐁당, 달콤한 '에클레르'

음식 문화

프랑스의 디저트를 사랑하는 분들 중에서 에클레르(éclair [에끌레흐])를 모르는 분들은 없을 거예요. 이번에는 마카롱에 버금가는 프랑스의 대표 과자 중 하나인 에클레르에 대해 알아보도록 하겠습니다. 엿가락처럼 통통하고 길쭉한 슈 안에 달콤한 크림을 채워 넣고 그 위에 퐁당 아이싱을 얇게 덧바른 에클레르는, 19세기 초 '퐁당 fondant' 기술이 개발되면서 당시 유럽 왕실의 파티시에이자 요리사였던 마리 앙투안 카렘(Marie-Antoine Carême [마히 엉뚜안느 까헴])에 의해 개발되었답니다.

속을 크림으로 채운다는 특징 때문에 다양한 종류의 크림이 사용될 수 있었던 에클레르는 변화무쌍한 디저트로 프랑스인들의 테이블에 오르게 되는데요. 딸기, 밤, 레몬 같은 과일 맛은 물론이고 커피, 초콜릿, 바닐라와 더 나아가 캐러멜 맛까지 생겨나게 되었답니다. 달콤함의 밸런스를 잡아줄 수 있는 견과류까지 그 재료로 사용되면서 그 야말로 무궁무진한 종류를 자랑하게 되었어요.

이번에는 에클레르의 명칭을 살펴볼까요? éclair는 '번개'라는 뜻을 가진 남성 명사인데요. 이 달콤한 디저트가 어떻게 해서 '번개'라는 이름을 갖게 되었을까요? 그 이유로 옛날부터 전해지는 두 가지 일화가 존재하는데요. 첫 번째는 에클레르를 맛본 사람들이 이 과자가 너무 맛있고 달콤한 나머지 번개처럼 먹어 치웠기 때문이라고 해요. 또 다른 이유는 새로 개발한 이 디저트가 점차 유명세를 타면서 팔려 나가는 속도가 번개같아 붙여진 이름이라고 합니다. 번개처럼 빨리 팔려 나갔다고 하니 얼마나 맛있을지 상상이 되시죠?

프랑스에 방문할 기회가 생긴다면 유명한 에클레르 전문점 L'Éclair de génie에 가 보세요. 이곳에서 두 눈을 사로잡는 화려한 색감의 에클레르를 만나 보실 수 있을 거예요!

Leçon
03

Est-ce que vous avez un fils ?

당신은 아들이 있으세요?

학습 단어	**fils** [피스] n.m. 아들 | **fille** [피으] n.f. 딸 | **portable** [뽀흐따블르] n.m. 핸드폰 | **voiture** [부아뛰흐] n.f. 자동차 | **baguette** [바게뜨] n.f. 바게트, 막대, 지팡이

지난 시간 떠올리기

ÉTAPE 01

▶ 지난 시간 학습했던 내용들을 떠올려 볼까요?

앞선 두 강에 걸쳐서 avoir 동사와 숫자를 활용해 나이를 표현하는 방법을 배워 보았습니다. 이제 어디를 가든 자연스럽게, 당당하게 나이를 소개할 수 있겠죠? 숫자에는 여러 가지 복잡한 규칙이 존재하는 만큼 반복 학습이 매우 중요하답니다. 본격적으로 오늘 강의를 시작하기에 앞서, 주어와 동사 사이의 연음에 주의하며 avoir 동사의 복수 인칭 변형을 훑어 볼까요?

① 가지다, 소유하다 avoir [아부아흐] (복수 인칭 변형)

주어는	가지고 있다
Nous	avons [아봉]
Vous	avez [아베]
Ils	ont [옹]
Elles	

② 부정문 ne pas avoir

주어는	가지고 있지 않다
Nous	n'avons pas [나봉 빠]
Vous	n'avez pas [나베 빠]
Ils	n'ont pas [농 빠]
Elles	

🔺 오늘의 미션
학습이 끝나면 이 문장을 완벽하게 말할 수 있어요!

A: 당신은 아들이 있으세요?

B: 아니요, 나는 아들이 없어요.

🍀 숫자 **28 vingt-huit** [방뛰뜨]

ÉTAPE 02 오늘의 학습

▶ 오늘 배울 내용들을 살펴보고, 머릿속에 차곡차곡 담아 볼까요?

① 가지다, 소유하다 avoir [아부아흐]

avoir 동사는 영어의 to have 동사와 동일하며 '가지다, 소유하다'라는 의미를 가진 3군 불규칙 동사라고 소개해 드렸었죠? 이번 강의에서는 avoir 동사를 활용하여 소유를 표현해 보려고 합니다. 문장에 활용할 수 있는 명사들을 지금부터 함께 학습해 볼까요?

② ~을 가지고 있다

> **avoir + 부정관사 + 명사**

avoir 동사 뒤에 명사만 붙여 주면 '(명사)을 가지고 있다'라는 표현이 완성됩니다. 이때 이미 화자와 청자가 모두 알고 있는 특정한 대상에 대해 이야기하는 것이라면 정관사+명사도 올 수 있지만, 이를 제외한 나머지 대부분의 경우에는 부정관사+명사를 활용하여 문장을 만든답니다.

그럼 본격적으로 부정관사와 함께 '아들, 딸'과 같은 가족 명사를 배워 보도록 합시다. 1탄에서 언급했듯이, 생물학적으로 성이 정해져 있는 명사들은 자연스레 관사도 그 명사의 성을 따라갑니다. 아들은 남성이니 관사도 당연히 남성형을, 딸은 여성이니 관사도 당연히 여성형을 써야겠죠?

1) 가족 명사

아들	딸
un fils	une fille
[앙 피스]	[윈느 피으]

> **Tip** '아들이 있다, 딸이 있다'는 '아들을, 딸을 가지고(소유하고) 있다'라고 표현하므로 avoir 동사를 사용합니다.

나는 아들이 있다.	→ J'ai un fils.
너는 아들이 있다.	→ Tu as un fils.
그는 딸이 있다.	→ Il a une fille.
그녀는 딸이 있다.	→ Elle a une fille.

이번에는 사물 명사를 활용하여 '사물을 가지고 있다'라는 표현을 만들어 봅시다.

2) 사물 명사

핸드폰	자동차
un portable	une voiture
[앙 뽀흐따블르]	[윈느 부아뛰흐]

 Tip '사물을 가지고(소유하고) 있다'를 나타낼 때도 마찬가지로 avoir 동사를 사용합니다. r 뒤에 자음이 오는 경우, 빨리 읽으면 'ㄱ 받침'으로 소리가 납니다. ex) un portable [앙 뽁따블르]

☝ 우리는 핸드폰이 있다. → Nous avons un portable.

☝ 너희는/당신은 핸드폰이 있다. → Vous avez un portable.

☝ 그들은 자동차가 있다. → Ils ont une voiture.

☝ 그녀들은 자동차가 있다. → Elles ont une voiture.

 3 부정의 de

평서문을 만들었으니 이번엔 부정문을 만들어 봐야겠죠? 이때 한 가지 주의할 점이 있습니다. avoir 동사를 활용한 문장의 부정문에서는 부정관사가 de로 변하는데요. 부정관사가 부정문에서 de로 변하기 때문에 이를 '부정의 de'라고 합니다. 단, avoir 동사가 활용된 부정문이라도 명사와 정관사와 함께 쓰인 경우에는 관사가 de로 바뀌지 않는답니다. 잘 기억해 주세요!

> **부정의 de 특징**
> - avoir 동사의 부정문에서 부정관사는 부정의 de로 변화
>   ex) un fils ▶ de fils
> - 정관사는 변하지 않음

☝ 나는 아들이 없다. → Je n'ai pas de fils.

☝ 너는 아들이 없다. → Tu n'as pas de fils.

☝ 그는 딸이 없다. → Il n'a pas de fille.

☝ 그녀는 딸이 없다. → Elle n'a pas de fille.

우리는 핸드폰이 없다. → Nous n'avons pas de portable.

너희는/당신은 핸드폰이 없다. → Vous n'avez pas de portable.

그들은 자동차가 없다. → Ils n'ont pas de voiture.

그녀들은 자동차가 없다. → Elles n'ont pas de voiture.

ÉTAPE 대화로 말해 보기

▶ 오늘 배운 문장들을 활용하여 대화를 나눠 봐요!

A | 너는 딸이 있니? → Est-ce que tu as une fille ?

B | 응, 나는 딸이 있어. → Oui, j'ai une fille.

A | 당신은 아들이 있으세요? → Est-ce que vous avez un fils ?

B | 아니요, 나는 아들이 없어요. → Non, je n'ai pas de fils.

A | 너희는 자동차가 있니? → Est-ce que vous avez une voiture ?

B | 아니, 우리는 자동차가 없어. → Non, nous n'avons pas de voiture.

🔺 미션 확인 　오늘의 핵심 문장을 완벽하게 외워 봅시다.

A: 당신은 아들이 있으세요? → Est-ce que vous avez un fils ?

B: 아니요, 나는 아들이 없어요. → Non, je n'ai pas de fils.

ÉTAPE 04 연습 문제

▶ 문제를 풀어 보면서 공부한 내용들을 완전히 내 것으로 만들어 봐요!

1 밑줄에 들어갈 알맞은 단어를 부정관사와 함께 써 보세요.

1. 아들 _____

2. 딸 _____

3. 핸드폰 _____

4. 자동차 _____

2 각 의문문에 알맞은 대답을 연결해 보세요.

1. Est-ce que vous avez •   • a. Non, je n'ai pas de
    un fils ?   voiture.

2. Est-ce que tu as une •   • b. Oui, elles ont un
    voiture ?   portable.

3. Est-ce qu'elles ont •   • c. Non, nous n'avons
    un portable ?   pas de fils.

4. Est-ce que vous •   • d. Oui, j'ai une fille.
    avez une fille ?

3 주어진 낱말들로 문장을 만드세요.

1. 나는 아들이 있다. (un / ai / fils / j')

_____

2. 당신은 딸이 있으세요? (vous / une / est-ce que / fille / avez)

_____

3. 우리는 자동차가 없다. (de / pas / voiture / nous / avons / n')

_____

④ **해석을 참고하여 프랑스어로 작문해 보세요.**

1. 그녀는 핸드폰이 없다.

_____

2. 당신은 딸이 없다.

_____

3. 그들은 자동차가 없다.

_____

4. 나는 아들이 없다.

_____

⑤ **다음 질문에 대한 대답을 써 보세요.**

1. Est-ce que vous avez une voiture ? (너희)

(긍정) _____

2. Est-ce qu'elles ont un portable ?

(부정) _____

3. Est-ce que tu as une fille ?

(부정) _____

4. Est-ce qu'il a un fils ?

(긍정) _____

주어진 명사를 활용하여 문장을 만들어 보세요.

> frère [프헤흐] n.m. 남자 형제 | sœur [쐬흐] n.f. 여자 형제

1. 나는 남자 형제가 있다.

2. 그녀는 여자 형제가 있다.

3. 그들은 여자 형제가 없다.

4. 우리는 남자 형제가 없다.

 다음 중 알맞은 문장을 골라 체크해 보세요.

1. 우리는 핸드폰이 있다.
   (a. Nous avons un portable. / b. Vous avez un portable.)

2. 당신은 딸이 있으세요?
   (a. Est-ce que tu as une fille ? / b. Est-ce que vous avez une fille ?)

3. 그녀들은 자동차가 없다.
   (a. Elles n'ont pas de voiture. / b. Elles ont une voiture.)

4. 그는 남자 형제가 있다.
   (a. Ils ont un frère. / b. Il a un frère.)

정답

1 1. un fils 2. une fille 3. un portable 4. une voiture

2 1. c 2. a 3. b 4. d

3 1. J'ai un fils. 2. Est-ce que vous avez une fille ? 3. Nous n'avons pas de voiture.

4 1. Elle n'a pas de portable. 2. Vous n'avez pas de fille. 3. Ils n'ont pas de voiture. 4. Je n'ai pas de fils.

5 1. Oui, nous avons une voiture. 2. Non, elles n'ont pas de portable. 3. Non, je n'ai pas de fille. 4. Oui, il a un fils.

6 1. J'ai un frère. 2. Elle a une sœur. 3. Ils n'ont pas de sœur. 4. Nous n'avons pas de frère.

7 1. a 2. b 3. a 4. b

표현 더하기

▶ 오늘 배운 내용과 관련된 다양한 표현을 익혀 봐요!

바게트
baguette [바게뜨]

한국인에게 밥이 있다면 프랑스인에게는 바게트가 있죠! 프랑스의 아침 거리는 갓 구운 바게트 향으로 가득합니다. 프랑스인들의 주식인 바게트는 주로 식사 테이블에 음식과 함께 곁들여지기도 하지만, 다양한 종류의 샌드위치로도 즐길 수도 있어요. 특히 바게트 샌드위치의 클래식으로 알려진 햄 버터 샌드위치(jambon-beurre[졍봉 뵈흐])는 간단하게 끼니를 때우기에 제격이랍니다. 바게트를 먹을 때는 딱딱한 윗부분에 입 천장이 다칠 수 있으니 거꾸로 들고 드셔 보세요!

❗클라라 선생님의 꿀팁

형, 오빠, 누나, 언니는 어떻게 구분하나요?

이번 과 연습 문제에서 여러분께 '남자 형제, 여자 형제'의 뜻을 가진 명사 두 가지를 더 알려 드렸습니다. 그렇다면 '형, 오빠, 남동생' 그리고 '누나와 언니, 여동생'은 어떻게 구분할 수 있을까요? 화자의 성별에 따라 '형' 또는 '오빠'로 바뀌는 한국어와는 달리, 프랑스어는 화자가 남성이든 여성이든 남자 형제를 가리키는 경우 모두 frère라고 합니다. 마찬가지로 여자 형제를 가리키는 경우에도 '누나, 언니'로 구분하지 않고 모두 sœur라고 합니다.

그렇다면 '나이가 더 많은 형제 자매, 나이가 더 어린 동생'은 어떻게 구분할까요?

1탄에서 배웠던 '큰(grand(e)), 작은(petit(e))'이라는 형용사를 활용하여 해당 표현을 할 수 있어요. '형, 오빠'의 경우, '큰'이라는 뜻의 형용사 grand을 명사 앞에 붙여 grand frère, '남동생'은 '작은'이라는 뜻의 형용사 petit를 명사 앞에 붙여 petit frère라고 합니다. '언니, 누나'는 grande를 붙여 grande sœur, '여동생'의 경우 petite sœur라고 한답니다.

grand frère [그헝 프헤흐] 오빠, 형   grande sœur [그헝드 쐬흐] 언니, 누나

petit frère [쁘띠 프헤흐] 남동생   petite sœur [쁘띠뜨 쐬흐] 여동생

France

문화탐방 지팡이? 젓가락? 바게트!

― 음식 문화

프랑스인들의 주식인 바게트, 여러분은 바삭하고 길쭉한 프랑스의 대표 빵이 왜 바게트(baguette)로 이름 붙여졌는지 알고 있나요? baguette는 프랑스어로 '지팡이, 막대기', 복수로 쓰일 때에는 '젓가락'이라는 뜻을 가진 여성 명사입니다. 바게트의 둥글고 기다란 생김새가 꼭 지팡이와 같아서 붙여진 이름이죠.

바게트는 오늘날 파리뿐만 아니라 프랑스의 모든 곳에서 없어서는 안 될 아주 중요한 먹거리로 자리 잡고 있습니다. 실제로 프랑스인이 하루에 평균적으로 소비하는 바게트 양은 약 160그램으로, 1초당 약 320개의 바게트가 사람들에 의해 만들어지고 섭취된답니다. 파리에만 1,000여 곳이 넘는 빵집에서 바게트를 구워 내는 이유가 바로 여기에 있어요.

바게트는 밀가루와 소금, 물 그리고 이스트만 사용하여 만드는데, 바게트의 표면이 바삭하고 속이 부드러운 이유는 빵을 구워 내기 전 표면에 빗금을 그어 그 위에 물을 뿌리기 때문입니다. 빵이 구워지면서 반죽에 스며든 수분이 증발하여 빵 표면이 딱딱해지는 것이죠.

그렇다면 바게트의 기원은 무엇일까요? 바게트의 시초는 나폴레옹 시대로 거슬러 올라갑니다. 본래 둥그스름하고 투박한 덩어리 형태의 전통 빵만이 거래되던 시절, 제빵업자들은 전쟁에 나가는 병사들이 더 편리하게 빵을 옮길 수 있도록 길쭉한 모양의 빵을 만들기 시작했고, 그것을 시작으로 바게트가 탄생하게 되었답니다.

프랑스에 묵을 일이 있다면 아침 일찍 일어나서 근처 빵집을 방문해 보세요. 구수한 바게트 냄새를 배경 삼아 갓 구운 바게트를 사기 위해 나온 동네 이웃들을 볼 수 있을 거예요.

Leçon
04

J'ai mal au ventre.
나는 배가 아픕니다.

학습 목표	• AVOIR 동사 + 전치사 À + 신체 명사 활용하여 아픔 표현하기 • 전치사 À + 정관사 축약 복습하기

학습 단어	**ventre** [벙트흐] n.m. 배 ┃ **dos** [도] n.m. 등 ┃ **bras** [브하] n.m. 팔 ┃ **tête** [떼뜨] n.f. 머리 ┃ **jambe** [졍브] n.f. 다리 ┃ **pied** [삐에] n.m. 발 ┃ **trop** [트호] adv. 몹시, 너무 ┃ **fromage** [프호마쥬] n.m. 치즈

지난 시간 떠올리기

▶ 지난 시간 학습했던 내용들을 떠올려 볼까요?

지난 시간에는 avoir 동사와 가족 명사, 사물 명사를 활용하여 '딸이 있다, 자동차가 있다'와 같이 소유를 표현하는 문장들을 만들어 보았습니다. avoir 동사가 쓰인 부정문에서는 부정관사가 부정의 de로 바뀐다는 것, 기억하고 있죠? 그리고 '아들, 딸'과 같은 생물학적 성이 이미 정해진 명사는 관사도 그 명사의 성을 따라간다는 것도 잊지 않으셨을 거예요. 중요한 포인트를 머릿속에 떠올리면서 지난 시간에 배웠던 명사들을 다시 한번 복습해 보도록 합시다.

1 가족 명사

아들	딸
un fils	une fille
[앙 피스]	[윈느 피으]

2 사물 명사

핸드폰	자동차
un portable	une voiture
[앙 뽀흐따블르]	[윈느 부아뛰흐]

 오늘의 미션　학습이 끝나면 이 문장을 완벽하게 말할 수 있어요!

A: 당신은 어디가 아프세요?

B: 나는 배가 아파요.

❧ 숫자 **29 vingt-neuf** [방 뇌프]

ÉTAPE **02** 오늘의 학습

▶ 오늘 배울 내용들을 살펴보고, 머릿속에 차곡차곡 담아 볼까요?

1 ~가 아프다

이번 시간에는 신체의 아픔을 표현하는 방법을 학습해 볼 텐데요. 프랑스어로는 '~가 아프다'라는 말을 '~에 아픔을 가지고 있다'라고 표현합니다. 이미 여러 번 복습해서 익숙한 avoir 동사를 활용하여 신체의 아픔을 표현해 봅시다. '~에 아픔을 가지고 있다'라는 문장을 만들기 위해서는 '~에'에 해당하는 전치사 à를 활용해야겠죠? '~에 아픔을 가지고 있다', avoir mal à 뒤에 신체 명사를 붙여 문장을 만들어 봅시다.

> **avoir mal à + 신체 명사**

Tip mal은 '고통, 아픔'이란 뜻의 남성 명사이며, '~가 아프다'와 같은 관용 표현에서 명사의 관사는 자주 생략됩니다.

2 신체 명사

먼저, 남성 명사에 해당하는 신체 명사 3가지를 알려드리겠습니다. '배, 등, 팔'과 같은 신체 명사를 정관사와 함께 학습해 볼까요?

1) 남성 명사

배	등	팔
le ventre	le dos	le bras
[르 벙트흐]	[르 도]	[르 브하]

자, 이제 신체 명사를 활용하여 구를 만들어 봅시다. 전치사 à와 정관사 le가 만나면 au로 축약된다는 것, 잘 알고 계시죠? 전치사 정관사 축약에 주의하면서 문장을 만들어 봅시다.

 배가 아프다 　　　　　　　→ avoir mal au ventre

✔ 등이 아프다 　　　　　　　→ avoir mal au dos

✔ 팔이 아프다 　　　　　　　→ avoir mal au bras

✔ 나는 배가 아프다. 　　　　　→ J'ai mal au ventre.

✔ 나는 등이 아프다. 　　　　　→ J'ai mal au dos.

✔ 나는 팔이 아프다. 　　　　　→ J'ai mal au bras.

2) 여성 명사

'머리와 다리'는 여성 명사입니다. 전치사 à와 만나면 축약 없이 à la로 쓰인다는 것을 떠올리면서 문장을 만들어 볼까요?

머리	다리
la tête	la jambe
[라 떼뜨]	[라 졍브]

🐾 머리가 아프다 → avoir mal à la tête

🐾 다리가 아프다 → avoir mal à la jambe

🐾 나는 머리가 아프다. → J'ai mal à la tête.

🐾 나는 다리가 아프다. → J'ai mal à la jambe.

3) 복수 명사

마지막으로 신체 명사 '발'을 배워 보겠습니다. '발'은 남성 명사지만 특별하게 발 한쪽이 아픈 것이 아니라면, 일반적으로 발이 아프다고 할 때는 양쪽 발 모두를 지칭하여 복수 형태로 씁니다. 전치사 à와 정관사 les가 만나면 aux로 축약된다는 것을 떠올리면서 문장을 만들어 봅시다.

발
les pieds
[레 삐에]

Tip pieds의 ds는 발음하지 않습니다. pied와 같이 발음되지 않는 자음 앞에 e가 있으면 [에]로 발음합니다.

🐾 발이 아프다 → avoir mal aux pieds

✔ 나는 발이 아프다. → J'ai mal aux pieds.

✔ 너는 어디가 아프니? → Où est-ce que tu as mal ?
우 에스 끄 뛰아 말

✔ 당신은 어디가 아프세요? → Où est-ce que vous avez mal ?
우 에스 끄 부 자베 말

Tip '너는 아프니? Est-ce que tu as mal ?' 앞에 '어디'에 해당하는 의문사 où가 붙으면 '너는 어디가 아프니?'라고 묻는 표현이 됩니다.

ÉTAPE 03 대화로 말해 보기

▶ 오늘 배운 문장들을 활용하여 대화를 나눠 봐요!

A | 너는 어디가 아프니? → Où est-ce que tu as mal ?

B | 나는 머리가 아파. → J'ai mal à la tête.

A | 당신은 어디가 아프세요? → Où est-ce que vous avez mal ?

B | 나는 배가 아파요. → J'ai mal au ventre.

A | 너는 발이 아프니? → Est-ce que tu as mal aux pieds ?

B | 응, 나는 발이 너무 아파. → Oui, j'ai **trop** mal aux pieds.
[트호]

🔺 미션 확인 오늘의 핵심 문장을 완벽하게 외워 봅시다.

A: 당신은 어디가 아프세요? → Où est-ce que vous avez mal ?

B: 나는 배가 아파요. → J'ai mal au ventre.

ÉTAPE 04 연습 문제

▶ 문제를 풀어 보면서 공부한 내용들을 완전히 내 것으로 만들어 봐요!

1 밑줄에 들어갈 알맞은 단어를 정관사와 함께 써 보세요.

1. 팔

2. 다리

3. 등

4. 발 (복수)

2 각 의문문에 알맞은 대답을 연결해 보세요.

1. Où est-ce que tu as mal ?   •

2. Est-ce que vous avez mal à la tête ?   •

3. Où est-ce qu'il a mal ?   •

4. Est-ce qu'elle a mal aux pieds ?   •

• a. Non, elle a mal à la jambe.

• b. Il a mal au ventre.

• c. Non, nous n'avons pas mal à la tête.

• d. J'ai mal au dos.

3 주어진 낱말들로 문장을 만드세요.

1. 나는 팔이 아프다. (au / ai / bras / j' / mal)

2. 당신은 어디가 아프세요? (vous / mal / où / est-ce que / avez)

3. 그들은 발이 아프다. (mal / ont / pieds / ils / aux)

_____

4. 그녀는 머리가 아프다. (tête / a / à / mal / elle / la)

_____

4 **해석을 참고하여 프랑스어로 작문해 보세요.**

1. 나는 배가 아프다.

_____

2. 우리는 팔이 아프다. (Nous)

_____

3. 당신은 다리가 아프다.

_____

4. 그는 등이 아프다.

_____

5 **다음 질문에 대한 대답을 써 보세요.**

1. Est-ce que vous avez mal au ventre ? (당신)

(긍정) _____

2. Est-ce que tu as mal aux pieds ?

(부정) _____

3. Est-ce que tu as mal à la jambe ?

(긍정) _____

4. Est-ce qu'il a mal au dos ?

(긍정) _____

 주어진 단어를 활용하여 문장을 만들어 보세요.

| nez [네] n.m. 코 ǀ yeux [외] n.m.pl. 눈 |

*'눈'은 남성형 명사로, 단수 형태와 복수 형태가 다릅니다. (단수 œil [외이으] / 복수 yeux [외]). 일반적으로 눈이 아프다고 할 때는 복수 형태를 사용합니다.

1. 나는 코가 아프다. _____

2. 그녀는 눈이 아프다. _____

3. 그들은 코가 아프다. _____

4. 우리는 눈이 아프다. (Nous) _____

정답

1 1. le bras 2. la jambe 3. le dos 4. les pieds

2 1. d 2. c 3. b 4. a

3 1. J'ai mal au bras. 2. Où est-ce que vous avez mal ? 3. Ils ont mal aux pieds. 4. Elle a mal à la tête.

4 1. J'ai mal au ventre. 2. Nous avons mal au bras. 3. Vous avez mal à la jambe. 4. Il a mal au dos.

5 1. Oui, j'ai mal au ventre. 2. Non, je n'ai pas mal aux pieds. 3. Oui, j'ai mal à la jambe. 4. Oui, il a mal au dos.

6 1. J'ai mal au nez. 2. Elle a mal aux yeux. 3. Ils ont mal au nez. 4. Nous avons mal aux yeux.

치즈
fromage [프호마쥬]

프랑스는 마카롱과 에클레르 같은 디저트로도 유명하지만 치즈로도 아주 유명한 나라죠. 프랑스의 식사 자리에서는 샐러드와 빵에 치즈를 곁들이는 경우가 많은데요. 치즈를 정말 좋아하는 분들은 굳이 다른 곁들임 없이 치즈만 큼지막하게 잘라서 먹기도 한답니다. 염소치즈처럼 맛과 향이 강한 치즈가 부담스럽다면 담백하고 고소한 comté [꽁떼]나 gruyère [그휘예흐] 치즈는 어떠세요? 두 치즈는 대중적인 맛으로 호불호가 크게 갈리지 않기 때문에 치즈퐁뒤나 그라탱을 만들기에도 제격이랍니다. 치즈를 처음 드시는 분들은 이 두 치즈에 도전해 보세요.

❗클라라 선생님의 꿀팁

나는 아픕니다...

오늘 우리가 배운 표현들은 신체 부분을 명확하게 짚어서 아픔을 나타내는 표현들이었는데요. 안색이 좋지 않은 내 모습을 보고 친구가 '무슨 일이야?'라고 묻는다면 '나 아파'라는 말도 할 수 있어야겠죠? '나는 아픕니다, 나는 아파'와 같은 표현은 어떻게 할 수 있을까요? 이번에는 영어의 I'm sick와 같은 표현을 알려드릴게요.

바로 être(이다) 동사 뒤에 '아픈, 병든'이라는 뜻의 형용사 malade [말라드]를 붙여 주면 완성! 형용사는 주어의 성수에 일치시켜야 하지만, 이미 단어의 마지막에 e가 붙어 있기 때문에 여성일 때 추가적으로 e가 붙지 않아요.

Je suis malade. [쥬 쉬 말라드]	나는 아픕니다.
Tu es malade ? [뛰 에 말라드]	너는 아프니?
Est-ce que tu es malade ? [에스끄 뛰 에 말라드]	너는 아프니?

앞으로 누군가 내게 안부를 물을 때, 몸이 좋지 않다면 이 표현도 꼭 활용해 보세요!

France

문화 탐방

특색 있는 풍미의 '염소치즈'

음식 문화

여러분은 치즈를 좋아하시나요? 치즈의 나라이기도 한 프랑스에서는 암소의 젖으로 만든 치즈뿐만 아니라 염소의 젖으로 만든 염소치즈(fromage de chèvre)가 매우 유명합니다. 염소치즈의 종류만 해도 1,000여 가지가 넘는 것을 보면 프랑스인들이 얼마나 염소치즈를 애용하는지 알 수 있겠죠? 하지만 한국에서는 코를 톡 쏘는 독특한 향과 맛 때문에 치즈를 즐기지 않는 분들에게는 호불호가 나뉘는 음식이기도 합니다. 이번에는 가장 보편적으로 알려져 있는 염소치즈 두 가지를 소개해 드리려고 해요.

첫 번째로 소개할 치즈는 Crottin de Chavignol [크호땅 드 샤비뇰]입니다. 가장 보편적으로 알려진 유명한 염소치즈랍니다. 지름이 6cm에 높이가 3~5cm에 이르는 둥그스름한 원기둥 모양의 이 치즈는, 딱딱하고 울퉁불퉁한 표면이 특징이고, 루아르 지역에 위치한 샤비뇰이라는 작은 마을에서 생산되는데요. 점토로 만든 컵 모양의 램프 crot과 닮아서 crottin으로 불리게 되었답니다.

두 번째로 소개할 치즈는 Sainte-Maure de Touraine [쌍뜨 모흐 드 뚜헨느]입니다. 이 치즈는 기다란 원뿔 형태로, 지름이 4~5cm이고 길이가 약 16~18cm에 달한답니다. 또한 표면이 푸르스름한 곰팡이로 덮여 있는 루아르 지방의 대표 치즈 중 하나인데요. 카롤링거 왕조 시대인 8~9세기 때부터 프랑스인들이 즐겨 먹는 치즈로 알려져 있습니다.

위에 언급한 두 종류의 치즈는 모두 화이트와인과 환상적인 조화를 이룬다고 하니, 치즈를 처음 접하시는 분들은 와인과 함께 알맞게 짝을 맞추어 드셔 보세요!

Partie 02

이 사람은 나의 어머니입니다.

학습 목표 '~이 있다' / '이 ~, 그 ~, 저 ~' / '나의 ~' 말하기

C'est ma mère.

Leçon
05

Il y a une pomme sur la table.

탁자 위에 사과가 있습니다.

학습 단어	**verre** [베흐] n.m. 컵 │ **pomme** [뽐므] n.f. 사과 │ **chien** [쉬앙] n.m. 강아지 │ **chat** [샤] n.m. 고양이 │ **sous** [수] prép. 아래에 │ **sur** [쒸흐] prép. 위에 │ **là** [라] 저기, 거기에 │ **steak frites** [스떼끄 프힛뜨] n.m. 감자튀김을 곁들인 스테이크

지난 시간 떠올리기

▶ 지난 시간 학습했던 내용들을 떠올려 볼까요?

'~가 아프다'라는 말은 프랑스식으로 '~에 아픔을 가지고 있다'로 표현한다고 배웠습니다. 그래서 avoir 동사와 여러 신체 명사를 활용하여 신체의 아픔을 표현하는 문장들을 만들어 보았는데요. 이때 à+le는 au로, à+la는 à la로, à+les는 aux로 전치사 à와 정관사의 축약이 일어났던 것 기억하시나요? 새로운 내용을 배우기 전에 신체의 아픔을 나타내는 표현들을 다시 한번 복습하고 넘어가 봅시다!

~가 아프다 : avoir mal à + 신체 명사

배가 아프다 → avoir mal au ventre

등이 아프다 → avoir mal au dos

팔이 아프다 → avoir mal au bras

머리가 아프다 → avoir mal à la tête

다리가 아프다 → avoir mal à la jambe

발이 아프다 → avoir mal aux pieds

눈이 아프다 → avoir mal aux yeux

오늘의 미션 학습이 끝나면 이 문장을 완벽하게 말할 수 있어요!

A: 탁자 위에 무엇이 있니?

B: 탁자 위에 사과가 있어.

숫자 **30 trente** [트헝뜨]

1 있다 il y a [일리야]

오늘은 비인칭 구문 il y a를 배워 보겠습니다. il y a는 영어의 there is와 같은 표현으로 뒤에 명사가 붙으면 '~이 있다'라는 뜻이 완성되는데요. 이 문장에서 쓰인 il은 우리가 기본적으로 알고 있는 '그'라는 뜻의 주어가 아닌, 해석을 하지 않는 특별한 의미가 없는 비인칭 주어랍니다. il이 '그'뿐만 아니라 비인칭 주어로도 쓰인다는 점을 잘 기억해 주세요!

2 ~이 있다

il y a 뒤에 명사를 붙이면 '(명사)가 있다'라는 표현이 됩니다. '컵, 사과'와 같은 사물 명사를 활용하여 문장을 완성해 볼까요?

1) 사물 명사

컵	사과
un verre	une pomme
[앙 베흐]	[윈느 뽐므]

✔ 컵이 있다.   ➡ Il y a un verre.

✔ 사과가 있다.   ➡ Il y a une pomme.

2) ~위에 sur [쉬흐]

il y a 뒤에 사물 명사들을 붙여 '컵이 있다, 사과가 있다'라는 같은 문장을 완성해 보았는데요. 뒤에 디테일한 장소가 추가된다면 훨씬 더 풍부한 문장을 만들 수 있습니다. 이번에는 '~ 위에' 라는 뜻의 전치사 sur를 알려드릴게요! 장소 전치사 뒤에 명사가 올 때는 일반적으로 정관사를 사용합니다. 전치사 sur 뒤에 '정관사+명사'만 붙여 주면 '(명사) 위에'라는 뜻이 돼요. 함께 만들어 볼까요?

✔ 탁자 위에   ➡ sur la table

                             쉬흐 라 따블르

✔ 탁자 위에 컵이 있다.   ➡ Il y a un verre sur la table.

✔ 탁자 위에 사과가 있다.   ➡ Il y a une pomme sur la table.

✔ 탁자 위에 사과가 있니?   ➡ Est-ce qu'il y a une pomme sur la table ?

3) 동물 명사

이번에는 '(동물)이 있다'라는 문장도 만들어 봅시다. 1탄에서 우리가 배웠던 '강아지, 고양이'를 활용해서 il y a 구문을 완성해 보겠습니다.

강아지	고양이
un chien	un chat
[앙 쉬앙]	[앙 샤]

🐾 강아지가 있다.   ➡ Il y a un chien.

🐾 고양이가 있다.   ➡ Il y a un chat.

4) ~아래에 sous [수]

'~ 위에' 전치사도 알려드렸으니 '~ 아래에' 전치사도 알려드려야겠죠? sur와 마찬가지로 sous도 장소 전치사이기 때문에 뒤에 오는 명사는 정관사와 함께 쓰인답니다. sous 뒤에 '정관사+명사'를 붙여 문장을 만들어 봅시다.

🐾 탁자 아래에   ➡ sous la table
　　　　　　　　　　　수라　　따블르

🐾 탁자 아래에 강아지가 있다.   ➡ Il y a un chien sous la table.

🐾 탁자 아래에 고양이가 있다.   ➡ Il y a un chat sous la table.

🐾 탁자 아래에 고양이가 있니?   ➡ Est-ce qu'il y a un chat sous la table ?

③ 없다

평서문, 의문문을 만들어 보았으니 이번에는 부정문도 만들어 보겠습니다. il y a 구문의 부정문에서는 ne pas가 y a의 앞뒤로 붙는데, 이때 꼭 모음 축약에 주의해 주세요! 마찬가지로 avoir 동사의 부정문에서는 부정관사가 부정의 de로 변한다는 것 기억하시죠? il n'y a pas de 뒤에 관사 없이 명사만 붙여 주면 된답니다. 입이 기억할 수 있도록 여러 번 읽어 볼까요?

1) Il n'y a pas de [일니야 빠 드] + 무관사 명사

🌿 탁자 위에 컵이 없다.	➡ Il n'y a pas de verre sur la table.
🌿 탁자 위에 사과가 없다.	➡ Il n'y a pas de pomme sur la table.
🌿 탁자 아래에 강아지가 없다.	➡ Il n'y a pas de chien sous la table.
🌿 탁자 아래에 고양이가 없다.	➡ Il n'y a pas de chat sous la table.

무엇이 있니?

준비강의에서 우리는 '무엇'이라는 뜻의 의문사가 문두에 오면 que로 쓰인다는 것을 배웠습니다. 또한 의문사가 문두에 올 때는 est-ce que가 함께 쓰인다는 것도 배웠죠. qu'est-ce que의 que와 il y a의 il 은 모음 충돌이 일어나 qu'est-ce qu'il y a 형태로 축약이 되므로 이 점에 주의하면서 함께 아래 문장들을 읽어 봅시다.

🌿 탁자 위에 무엇이 있니?	➡ Qu'est-ce qu'il y a sur la table ?
🌿 탁자 아래에 무엇이 있니?	➡ Qu'est -ce qu'il y a sous la table ?
🌿 무슨 일이야?	➡ Qu'est -ce qu'il y a ?
	께스 낄리야

Tip   Qu'est-ce qu'il y a ?는 직역하면 '무엇이 있니?'지만, 일상 생활에서 상대에게 '무슨 일이야?'라는 의미도 자주 사용합니다.

▶ 오늘 배운 문장들을 활용하여 대화를 나눠 봐요!

A | 탁자 위에 무엇이 있니? → Qu'est-ce qu'il y a sur la table ?

B | 탁자 위에 사과가 있어. → Il y a une pomme sur la table.

A | 탁자 아래에 고양이가 있니? → Est-ce qu'il y a un chat sous la table ?

B | 응, 그는 탁자 아래에 있어. → Oui, il est sous la table.

응, 그는 **거기에** 있어. Oui, il est **là**.
[라]

△미션 확인 오늘의 핵심 문장을 완벽하게 외워 봅시다.

A: 탁자 위에 무엇이 있니? → Qu'est-ce qu'il y a sur la table ?

B: 탁자 위에 사과가 있어. → Il y a une pomme sur la table.

1 **밑줄에 들어갈 알맞은 단어를 부정관사와 함께 써 보세요.**

1. 컵

2. 사과

3. 강아지

4. 고양이

2 **각 의문문에 알맞은 대답을 연결해 보세요.**

1. Qu'est-ce qu'il y a sur la table ?

2. Qu'est-ce qu'il y a sous la table ?

3. Est-ce qu'il y a une pomme sur la table ?

4. Est-ce qu'il y a un chat sous la table ?

a. Non, il n'y a pas de chat sous la table.

b. Il y a un verre sur la table.

c. Il y a un chien sous la table.

d. Oui, il y a une pomme sur la table.

3 **해석을 참고하여 프랑스어로 작문해 보세요.**

1. 탁자 위에 사과가 있다.

2. 탁자 아래에 강아지가 있다.

3. 탁자 아래에 고양이가 있다.

다음 질문에 대한 대답을 써 보세요.

1. Est-ce qu'il y a un chat sous la table ?

(긍정) _____

2. Est-ce qu'il y a un verre sur la table ?

(부정) _____

3. Est-ce qu'il y a un chien sous la table ?

(긍정) _____

4. Est-ce qu'il y a une pomme sur la table ?

(부정) _____

 주어진 명사를 활용하여 문장을 만들어 보세요.

lampe [렁쁘] n.f. 램프	chapeau [샤뽀] n.m. 모자

1. 탁자 위에 램프가 있다. _____

2. 탁자 위에 모자가 없다. _____

3. 탁자 아래에 램프가 없다. _____

4. 탁자 아래에 모자가 있다. _____

정답

1 1. un verre 2. une pomme 3. un chien 4. un chat

2 1. b 2. c 3. d 4. a

3 1. Il y a une pomme sur la table. 2. Il y a un chien sous la table. 3. Il y a un chat sous la table.

4 1. Oui, il y a un chat sous la table. 2. Non, il n'y a pas de verre sur la table. 3. Oui, il y a un chien sous la table. 4. Non, il n'y a pas de pomme sur la table.

5 1. Il y a une lampe sur la table. 2. Il n'y a pas de chapeau sur la table. 3. Il n'y a pas de lampe sous la table. 4. Il y a un chapeau sous la table.

표현 더하기

▶ 오늘 배운 내용과 관련된 다양한 표현을 익혀 봐요!

감자튀김을 곁들인 스테이크
steak frites [스떼끄 프힛뜨]

steak frites는 스테이크(steak)에 감자튀김(frites)을 곁들인 프랑스 메인 요리입니다. 보통 프랑스 레스토랑에서 스테이크를 시키면 감자튀김이 함께 나오기 때문에 메뉴판에도 steak frites라고 적혀 있는 경우가 많답니다. 레스토랑에 따라 스테이크 위에 올리는 소스가 각기 다른데요. 파슬리와 버터가 섞여 연한 연두색을 띠는 소스인 beurre maître d'hôtel [뵈흐 메트흐 도뗄]가 스테이크와 함께 나오는 경우가 많아요. 스테이크를 큼지막하게 썰어 한 입에 넣고, 바삭한 황금빛의 감자튀김을 뒤이어 먹는 모습을 상상해 보세요. 너무 행복하지 않나요?

❗클라라 선생님의 꿀팁

Est-ce que로 물으면 Oui, Non으로 대답해요!

의문문을 만드는 방법과 의문사를 다양하게 공부하다 보면, **qu'est-ce que** 의문문과 **est-ce que** 의문문을 헷갈려 하는 분들이 종종 있습니다. 어떤 경우에 **oui, non**으로 답을 하는지도 궁금해 하는 분들이 있는데요. 두 표현이 들어간 문장은 완전히 다른 의문문이랍니다. **est-ce que**는 의문문을 만들기 위해 평서문 앞에 추가적으로 붙이는 표현으로 특별한 의미를 갖고 있지 않습니다. 하지만 **qu'est-ce que**의 경우 '무엇'이라는 뜻의 의문사 **que**가 문두에 오면서 **est-ce que**와 합쳐져 모음 축약이 일어난 표현이에요. '무엇을 ~하니?' 라는 의문문에는 상황에 따른 다양한 답변이 나올 수 있겠죠? 하지만 **est-ce que** 의문문의 경우는 의문사가 추가되지 않은 의문문이기 때문에 답변이 '예' 또는 '아니요'로 한정된답니다.

Qu'est-ce qu'il y a sur la table ?   탁자 위에는 무엇이 있니?

▶ '탁자 위에 (사과가/컵이/고양이가/강아지가) 있다' 등과 같이 다양한 답변이 가능

Est-ce qu'il y a une pomme sur la table ? 탁자 위에 사과가 있니?

▶ '예, 아니요'로만 답변 가능

문화 탐방

프랑스의 스테이크

음식 문화

이번에는 프랑스인들이 사랑하는 메인 메뉴 한 가지를 소개해 드리겠습니다. 바로 감자 튀김을 곁들인 스테이크, steak frites [스떼끄 프힛뜨]입니다. 프랑스 대부분의 레스토랑에서 스테이크를 시키면 따끈따끈하게 갓 구운 스테이크와 함께 침이 절로 고이는 감자 튀김이 나오곤 하는데요. 이 steak frites는 프랑스의 대표 메인 요리 중 하나로, 전채 요리 다음에 나오거나 치즈, 디저트가 뒤를 이어 나오기도 한답니다.

프랑스에서 스테이크를 시킬 때 꼭 고기의 굽기를 선택하기 때문에 자신에게 알맞은 고기 굽기를 잘 알고 있어야 하는데요. 고기 굽기 정도를 아래와 같이 알려드릴게요.

1. bleu [블뢰]: 먼저 차가운 고기의 각 표면을 높은 온도에 30초 동안 익힌 상태인 bleu가 있습니다. 영어식으로는 '엑스트라 레어'라고 표현하는데, 표면만 살짝 익힌 상태이기 때문에 직접 스테이크를 자르기 전까지는 육즙이 흘러나오지 않는답니다.

2. saignant [쎄녕]: 약 1분 동안 익혀 낸 saignant('레어'에 해당)은 핑크색 육즙이 흘러나오는 설익은 정도의 굽기로, 고기 중앙이 여전히 빨갛습니다.

3. à point [아 뿌앙]: 약 1분 30초 동안 익힌 à point('미디엄'에 해당)은 빨간 육즙이 흘러나오는 굽기로, 고기 중앙이 핑크 빛이 돌며 saignant에 비해 고기의 식감이 조금 더 단단합니다.

4. bien cuit [비앙 퀴]: 2분 동안 익혀 낸 bien cuit('웰던'에 해당)는 갈색 육즙이 보이며, 고기 중앙이 갈색 빛을 띕니다.

자신에게 적합한 고기 굽기 표현을 잘 기억해 두었다가 프랑스 레스토랑에서 주문할 때 직접 사용해 보는 건 어떨까요?

Leçon
06

Ce film est intéressant.

이 영화는 재미있습니다.

학습 | 단어
film [필므] n.m. 영화 │ **photo** [포또] n.f. 사진 │ **garçon** [갸흐쏭] n.m. 소년 │
fille [피으] n.f. 소녀 │ **kiwi** [끼위] n.m. 키위 │ **devoirs** [드부아흐] n.m.pl. 숙제 │
intéressant(e) [앙떼헤썽(뜨)] adj. 재미있는, 흥미로운 │ **joli(e)** [죨리] adj. 귀여운 │
bon(ne) [봉/본느] adj. 맛있는, 좋은 │ **difficile** [디피씰르] adj. 어려운 │ **vin rosé** [방
호제] n.m. 로제 와인

01 지난 시간 떠올리기

▶ 지난 시간 학습했던 내용들을 떠올려 볼까요?

지난 시간에 우리는 비인칭 구문 il y a를 활용하여 '탁자 위에 컵이 있다'와 같은 다양한 문장을 만들어 보았습니다. 어휘를 계속해서 늘려갈수록 il y a를 활용한 표현들을 더 많이 만들 수 있겠죠? il y a 구문은 일상에서 매우 자주 쓰이는 유용한 표현이니, 꼭 기억해 두셨으면 해요. 다음 강의로 넘어가기 전에 다시 복습하고 넘어갈까요?

1 ~에 ~이 있다 : il y a + 명사 + 장소 전치사 + 명사

탁자 위에 컵이 있다.	→ Il y a un verre sur la table.
탁자 위에 사과가 있다.	→ Il y a une pomme sur la table.
탁자 아래에 강아지가 있다.	→ Il y a un chien sous la table.
탁자 아래에 고양이가 있다.	→ Il y a un chat sous la table.

🏔️ 오늘의 미션 학습이 끝나면 이 문장을 완벽하게 말할 수 있어요!

A: 이 영화는 재미있니?

B: 응, 이 영화는 매우 재미있어.

✔ 숫자 **31 trente et un** [트헝떼 앙]

1 지시 형용사

평소에 우리가 대화를 할 때도 그냥 '영화 재미있어'보다는 지시를 표현하는 '이, 그, 저'를 활용하여 '이 영화 재미있어'라고 이야기하죠? 오늘은 이와 같이 지시를 표현할 때 사용하는 형용사를 학습해 보려고 합니다. 지시 형용사는 관사가 붙는 자리에 대신 사용되기 때문에 활용하는 방법도 아주 간단하답니다. 하지만 명사가 남성이라면 지시 형용사도 남성형을, 여성이라면 여성형을, 복수 명사라면 복수형을 써야 한다는 것은 꼭 주의해 주세요! 그럼 단수형부터 함께 학습해 볼까요?

> **지시 형용사 특징**
>
> - '이, 그, 저'와 같이 지시를 나타내는 형용사
> - 기본 규칙: 명사 앞에 위치, 관사 대신 사용
> - 명사의 성과 수에 적합한 형태 사용

1) 지시 형용사 (단수)

남성 단수	여성 단수
ce	cette
[쓰]	[쎄뜨]

영화	이 영화
le film	ce film
[르 필므]	[쓰 필므]

사진	이 사진
la photo	cette photo
[라 포또]	[쎄뜨 포또]

지시 형용사 뒤에 명사를 붙여서 '이 영화, 이 사진'이라는 단어를 만들어 보았습니다. 이번에는 앞서 배운 단어와 함께 문장에서 활용 가능한 형용사를 알려드릴게요. 형용사는 주어의 성과 수에 일치되어야 한다는 점 잘 기억하고 계시죠? 비모음 발음에 유의하면서 '재미있는, 흥미로운'을 뜻하는 형용사를 함께 읽어 볼까요?

재미있는, 흥미로운	재미있다, 흥미롭다
intéressant(e) [앙떼헤썽(뜨)]	être intéressant(e)

✅ 이 영화는 재미있다.　　➡ Ce film est intéressant.

✅ 이 사진은 흥미롭다.　　➡ Cette photo est intéressante.

이번에는 '소년, 소녀'를 활용하여 '이 소년은 귀엽다, 이 소녀는 귀엽다'와 같은 문장을 만들어 봅시다. 명사 '소년'은 남성이므로 지시 형용사도 당연히 남성형으로 써야 하고, 마찬가지로 '소녀'는 여성이므로 지시 형용사도 여성형으로 써야 한다는 점, 다시 한번 상기해 주세요.

소년	그 소년
le garçon [르 갸흐쏭]	ce garçon [쓰 갸흐쏭]

> **Tip** garçon을 빨리 읽을 경우, r 발음이 ㄱ 받침처럼 소리 나기 때문에 [걕쏭]으로 발음됩니다.

소녀	그 소녀
la fille [라 피으]	cette fille [쎄뜨 피으]

귀여운	귀엽다
joli(e) [졸리]	être joli(e)

✅ 그 소년은 귀엽다.　　➡ Ce garçon est joli.

✅ 그 소녀는 귀엽다.　　➡ Cette fille est jolie.

이번에는 향긋한 과일 명사 두 가지와 '맛있는'이라는 뜻의 형용사를 알려드릴 텐데요. 형용사 '맛있는'의 남성형은 -on으로 끝나므로 여성형에는 ne가 추가로 붙습니다. 함께 읽어 볼까요?

키위	이 키위
le kiwi	ce kiwi
[르 끼위]	[쓰 끼위]

사과	이 사과
la pomme	cette pomme
[라 뽐므]	[쎄뜨 뽐므]

맛있는, 좋은	맛있다, 좋다
bon(ne)	être bon(ne)
[봉/본느]	

✎ 이 키위는 맛있다. → Ce kiwi est bon.

✎ 이 사과는 맛있다. → Cette pomme est bonne.

2) 지시 형용사 (복수)

남성, 여성 복수
ces
[쎄]

숙제	이 숙제
les devoirs	ces devoirs
[레 드부아흐]	[쎄 드부아흐]

> **Tip** devoir는 남성 명사로 '의무, 책임'이라는 뜻을 갖고 있으며, '숙제'라는 의미로 사용될 때에는 주로 복수형을 씁니다.

어려운	어렵다
difficile	être difficile
[디피씰르]	

✎ 이 숙제는 어렵다. → Ces devoirs sont difficiles.

> **Tip** 형용사는 주어의 성과 수에 일치시켜야 합니다.

ÉTAPE **03**

대화로 말해 보기

▶ 오늘 배운 문장들을 활용하여 대화를 나눠 봐요!

A | 이 영화는 재미있니?　　　　　⇒ Est-ce que ce film est intéressant ?

B | 응, 이 영화는 **매우** 재미있어.　⇒ Oui, ce film est **très** intéressant.
　　　　　　　　　　　　　　　　　　　　　　[트헤]

　이 사과는 맛있니?　　　　　　　Est-ce que cette pomme est
　　　　　　　　　　　　　　　　　bonne ?

A | 응, 이 사과는 매우 맛있어.　　⇒ Oui, cette pomme est très bonne.

🔺미션 확인　　오늘의 핵심 문장을 완벽하게 외워 봅시다.

A: 이 영화는 재미있니?　　⇒ Est-ce que ce film est intéressant ?

B: 응, 이 영화는 매우 재미있어. ⇒ Oui, ce film est très intéressant.

연습 문제

▶ 문제를 풀어 보면서 공부한 내용들을 완전히 내 것으로 만들어 봐요!

1 밑줄에 들어갈 알맞은 프랑스어를 지시 형용사와 함께 써 보세요.

1. 이 영화 / 이 사진 _____ / _____

2. 그 소년 / 그 소녀 _____ / _____

3. 이 키위 / 이 사과 _____ / _____

4. 이 숙제 _____

2 각 의문문에 알맞은 대답을 연결해 보세요.

1. Est-ce que cette pomme est bonne ? •

2. Est-ce que ce kiwi est bon ? •

3. Est-ce que cette fille est jolie ? •

4. Est-ce que ce film est intéressant ? •

• a. Non, ce film n'est pas intéressant.

• b. Oui, cette fille est très jolie.

• c. Non, cette pomme n'est pas bonne.

• d. Oui, ce kiwi est bon.

3 해석을 참고하여 프랑스어로 작문해 보세요.

1. 이 키위는 맛있지 않다.

_____

2. 이 숙제는 어렵다.

_____

3. 이 사진은 흥미롭지 않다.

_____

다음 질문에 대한 대답을 써 보세요.

1. Est-ce que ce garçon est joli ?

   (긍정) _____

2. Est-ce que cette pomme est bonne ?

   (부정) _____

3. Est-ce que ces devoirs sont difficiles ?

   (긍정) _____

 주어진 형용사를 활용하여 문장을 만들어 보세요.

facile [파씰르] adj. 쉬운 | adorable [아도하블르] adj. 사랑스러운

1. 이 숙제는 쉽다. _____

2. 이 숙제는 쉽지 않다. _____

3. 이 소녀는 사랑스럽다. _____

4. 이 소년은 사랑스럽지 않다. _____

표현 더하기

05

▶ 오늘 배운 내용과 관련된 다양한 표현을 익혀 봐요!

로제 와인
vin rosé [방 호제]

rosé는 '분홍빛의'라는 뜻을 지닌 형용사로 vin rosé는 '분홍빛 와인'을 뜻합니다. 우리에게 '로제 와인'이라는 명칭으로 더 익숙한 이 와인은, 오래 숙성시키지 않았기 때문에 차게 마시는 것이 좋아 여름에 많이 마신답니다. 여름과 잘 어울리는 와인답게 산뜻하고 가벼운 향이 특징인 로제 와인은 전채 요리에도 물론 잘 어울리지만 해산물 요리나 쿠스쿠스, 카레 같은 이국적인 음식과도 궁합이 좋아요. 하지만 보존 기간이 1년~2년으로 다른 와인들에 비해 아주 짧기 때문에 구입한 후에 빠른 시일 내에 드셔야 해요!

💡클라라 선생님의 꿀팁

très와 trop의 차이는 뭘까요?

지금까지 대화하기 코너를 통해 부사 **très**와 **trop**를 배워 보았는데요. 두 부사 모두 강조를 나타내는 문장을 만들 때 자주 쓰입니다. 이번에는 **très**와 **trop**의 차이점을 알려드리려고 합니다. 각각 어떤 뉘앙스를 갖는지 확실히 짚고 넘어가야 알맞게 사용할 수 있을 테니까요. **très**는 영어의 **very**와 같은 의미로, '매우, 몹시, 아주'라는 뜻을 갖습니다. **trop**는 영어의 **too**처럼 '너무'라는 뜻을 가지며, **très**보다 그 강도가 더 세고 부정적인 의미를 담고 있습니다.

très < trop

▶ Ces devoirs sont très difficiles.　　이 숙제는 매우 어려워.

▶ Ces devoirs sont trop difficiles.　　이 숙제는 너무 어려워.

두 문장의 차이가 느껴지시나요? 이제 **très**와 **trop**를 상황에 맞게 사용해 보세요.

문화 탐방

향긋한 장미가 떠오르는 '로제 와인'

음료 문화

'프랑스의 유명한 와인' 하면 여러분은 어떤 와인이 떠오르시나요? 보통 레드와인이나 화이트와인, 그리고 샴페인을 떠올리실 텐데요. 로맨틱한 핑크빛이 도는 로제 와인(vin rosé [방 호제])도 빼놓을 수 없는 프랑스의 중요한 와인 중 하나랍니다.

그렇다면 로제 와인은 어떻게 만들어질까요? 로제 와인이 띠는 핑크색 때문에 레드와인과 화이트와인을 섞어서 로제 와인을 만든다고 생각하는 분들이 많은데요. 프랑스에서는 레드와인과 화이트와인을 혼합하여 로제 와인을 만드는 것을 법으로 금지하고 있습니다.

로제 와인은 보통 마세레이션법으로 만들어집니다. 포도주의 색은 투명한 과육과 적색 포도 껍질이 함께 담가지는 기간에 따라 달라지는데요. '담그기(Macération [마쎄하씨옹])'라는 뜻의 마세레이션 기술은 적포도를 수확해 포도를 으깨어 생긴 과즙에 포도 껍질을 담가 놓는 기간을 레드와인보다 짧게 단축시킨 방법입니다. 이 작업을 통해 포도주의 빛깔을 레드와인보다 더 밝고 투명하게 만드는 것이죠. 하지만 아주 희미한 핑크빛의 와인을 제조하는 경우에는 마세레이션법을 거치지 않고 바로 압착 작업을 함으로써 색을 더욱 희미하게 만든답니다.

로제 와인의 색은 밝은 레드와인 색에 가깝지만 그 맛은 산뜻하고 가벼운 화이트와인과 비슷합니다. 또한 보존 기간이 짧아 오래 숙성시키지 않는 것이 특징이며, 차게 마시는 것이 좋아 여름에 더욱 사랑을 받는 와인이기도 하죠.

프랑스에서 잘 알려진 주요 로제 와인 산지로는 론 지역에 위치한 타벨(Tavel [따벨]), 그리고 루아르 지역의 앙주(Anjou [앙쥬])가 있답니다. 와인을 좋아하는 분들은 타벨이나 앙주를 방문하셔서 그 지역의 로제 와인을 직접 맛보시기를 추천합니다.

Leçon
07

C'est ma mère.
이 사람은 나의 어머니입니다.

학습 | 목표	• 소유 형용사 단수 인칭 학습하기
	• 소유 형용사와 가족 명사 활용하여 가족 소개하기

학습 | 단어	**père** [뻬흐] n.m. 아버지 | **mère** [메흐] n.f. 어머니 | **parents** [빠헝] n.m.pl. 부모님 |
	vin chaud [방 쇼] n.m. 뱅쇼

ÉTAPE 01 지난 시간 떠올리기

▶ 지난 시간 학습했던 내용들을 떠올려 볼까요?

 지시 형용사 + 명사

지난 시간 우리는 '이, 그, 저'라는 뜻의 지시 형용사와 여러 가지 명사, 형용사를 활용하여 명사를 설명하는 문장들을 만들어 보았습니다. 지시 형용사는 관사 자리에 위치하며, 명사의 성과 수에 일치시키는 것이 포인트였는데요. 오늘 새로운 내용을 배우기 전에 지난 시간 학습했던 내용들을 완벽하게 내 것으로 만들어 봅시다.

이 영화	이 사진
ce film	cette photo
[쓰 필므]	[쎄뜨 포또]

그 소년	그 소녀
ce garçon	cette fille
[쓰 갸흐쏭]	[쎄뜨 피으]

이 키위	이 사과
ce kiwi	cette pomme
[쓰 끼위]	[쎄뜨 뽐므]

이 숙제
ces devoirs
[쎄 드부아흐]

🔺오늘의 미션 학습이 끝나면 이 문장을 완벽하게 말할 수 있어요!

A: 이 사람은 누구니?

B: 이 사람은 나의 어머니야.

❤ 숫자 32 **trente-deux** [트헝뜨 되]

ÉTAPE 02 오늘의 학습

▶ 오늘 배울 내용들을 살펴보고, 머릿속에 차곡차곡 담아 볼까요?

 소유 형용사

지난 시간에 지시 형용사를 배웠다면 오늘은 '나의, 너의, 그의, 그녀의'에 해당하는 소유 형용사를 배워 봅시다. 누군가에게 나의 가족이나 나의 물건을 소개할 때 필요한 것이 소유 형용사인데요. 지시 형용사와 마찬가지로 소유 형용사도 관사 대신 사용되며, 명사의 성과 수에 적합한 형태로 쓰는 것이 규칙입니다. 그리고 또 한 가지 매우 중요한 포인트는 소유 형용사는 주어가 아닌 명사의 성과 수에 일치시킨다는 것입니다. 그럼 지금부터 함께 배워 볼까요?

> **소유 형용사 특징**
>
> - '나의, 너의, 그의, 그녀의'와 같이 소유를 나타내는 형용사
> - 기본 규칙: 명사 앞에 위치, 관사 대신 사용, 명사의 성과 수에 적합한 형태 사용

1) 나의

남성 단수	여성 단수	복수
mon	ma	mes
[몽]	[마]	[메]

❶ 소유 형용사 + 명사

아버지	어머니	부모님
le père	la mère	les parents
[르 뻬흐]	[라 메흐]	[레 빠헝]

나의 아버지	나의 어머니	나의 부모님
mon père	ma mère	mes parents
[몽 뻬흐]	[마 메흐]	[메 빠헝]

2) 너의

남성 단수	여성 단수	복수
ton	ta	tes
[똥]	[따]	[떼]

❶ 소유 형용사 + 명사

너의 아버지	너의 어머니	너의 부모님
ton père	ta mère	tes parents
[똥 뻬흐]	[따 메흐]	[떼 빠헝]

3) 그의/그녀의

남성 단수	여성 단수	복수
son	sa	ses
[쏭]	[싸]	[쎄]

❶ 소유 형용사 + 명사

그의/그녀의 아버지	그의/그녀의 어머니	그의/그녀의 부모님
son père	sa mère	ses parents
[쏭 뻬흐]	[싸 메흐]	[쎄 빠헝]

② 이 사람(들)은 ~이다 C'est ~ / Ce sont ~

'나의 아버지'를 시작으로 '그녀의 부모님'까지 배웠으니 이제 문장을 만들어 볼 차례입니다. '이 사람은 ~이다'라고 할 때는 c'est를 활용했던 것 기억하시죠? c'est 뒤에 방금 배운 소유 형용사+명사를 붙여 문장을 만들어 봅시다. 복수 명사의 경우에는 ce sont을 사용해야 한다는 점도 주의해 주세요!

 이 사람은 나의 아버지이다.   ➡ C'est mon père.

 이 사람은 나의 어머니이다.   ➡ C'est ma mère.

 이 사람들은 나의 부모님이다.   ➡ Ce sont mes parents.

✍ 이 사람은 너의 아버지이다.	→ C'est ton père.
✍ 이 사람은 너의 어머니이다.	→ C'est ta mère.
✍ 이 사람들은 너의 부모님이다.	→ Ce sont tes parents.
✍ 이 사람은 그의/그녀의 아버지이다.	→ C'est son père.
✍ 이 사람은 그의/그녀의 어머니이다.	→ C'est sa mère.
✍ 이 사람들은 그의/그녀의 부모님이다.	→ Ce sont ses parents.

ÉTAPE 03 대화로 말해 보기

▶ 오늘 배운 문장들을 활용하여 대화를 나눠 봐요!

A l	이 사람은 누구니?	→ Qui est-ce ?
B l	이 사람은 나의 어머니야.	→ C'est ma mère.
	이 사람은 너의 아버지니?	Est-ce que c'est ton père ?
A l	응, 이 사람은 나의 아버지야.	→ Oui, c'est mon père.

🏔 미션 확인   오늘의 핵심 문장을 완벽하게 외워 봅시다.

A:	이 사람은 누구니?	→ Qui est-ce ?
B:	이 사람은 나의 어머니야.	→ C'est ma mère.

ÉTAPE 04 연습 문제

▶ 문제를 풀어 보면서 공부한 내용들을 완전히 내 것으로 만들어 봐요!

1 밑줄에 들어갈 알맞은 프랑스어를 써 보세요.

1. 나의 아버지 _____

2. 너의 어머니 _____

3. 그의 부모님 _____

4. 그녀의 어머니 _____

2 각 의문문에 알맞은 대답을 연결해 보세요.

1. Est-ce que c'est ton père ?　•

2. Qui est-ce ?　•

3. Est-ce que c'est ta mère ?　•

4. Est-ce que ce sont ses parents ?　•

　• a. Oui, ce sont ses parents.

　• b. Non, ce n'est pas ma mère.

　• c. C'est mon père.

　• d. Oui, c'est mon père.

3 주어진 낱말들로 문장을 만드세요.

1. 이 사람은 너의 어머니니? (mère / ta / est-ce que / c'est)

_____

2. 이 사람은 나의 아버지가 아니다. (pas / père / ce / mon / n'est)

_____

3. 이 사람들은 그녀의 부모님이니? (sont / est-ce que / ses / ce / parents)

_____

4 해석을 참고하여 프랑스어로 작문해 보세요.

1. 이 사람은 너의 어머니이다.

_____

2. 이 사람들은 나의 부모님이 아니다.

_____

3. 이 사람은 그녀의 아버지이다.

_____

4. 이 사람들은 그의 부모님이다.

_____

5 다음 질문에 대한 대답을 써 보세요.

1. Est-ce que c'est son père ?

(긍정) _____

2. Est-ce que c'est ta mère ?

(부정) _____

3. Est-ce que ce sont tes parents ?

(긍정) _____

주어진 명사를 활용하여 문장을 만들어 보세요.

frère [프헤흐] n.m. 남자 형제 ｜ sœur [쐬흐] n.f. 여자 형제

1. 이 사람은 그녀의 여자 형제이다. _____

2. 이 사람은 나의 남자 형제이다. _____

3. 이 사람은 너의 남자 형제니? _____

 다음 중 알맞은 문장을 골라 체크해 보세요.

1. 이 사람들은 나의 부모님이다.
(a. Ce sont mes parents. / b. C'est mon père.)

2. 이 사람은 그의 남자 형제이다.
(a. C'est sa sœur. / b. C'est son frère.)

3. 이 사람은 그녀의 어머니니?
(a. Est-ce que c'est ta mère ?/ b. Est-ce que c'est sa mère ?)

4. 이 사람은 너의 여자 형제이다.
(a. C'est sa sœur. / b. C'est ta sœur.)

정답

1 1. mon père 2. ta mère 3. ses parents 4. sa mère

2 1. d 2. c 3. b 4. a

3 1. Est-ce que c'est ta mère ? 2. Ce n'est pas mon père. 3. Est-ce que ce sont ses parents ?

4 1. C'est ta mère. 2. Ce ne sont pas mes parents. 3. C'est son père. 4. Ce sont ses parents.

5 1. Oui, c'est son père. 2. Non, ce n'est pas ma mère. 3. Oui, ce sont mes parents.

6 1. C'est sa sœur. 2. C'est mon frère. 3. Est-ce que c'est ton frère ?

7 1. a 2. b 3. b 4. b

표현 더하기

▶ 오늘 배운 내용과 관련된 다양한 표현을 익혀 봐요!

뱅쇼
vin chaud [방 쇼]

vin은 '와인', chaud는 '따뜻한'이라는 뜻으로 vin chaud는 '따뜻한 와인'을 의미하는 프랑스 음료입니다. 한국에서도 각종 미디어를 통해 자주 언급되면서 어느덧 익숙한 음료로 자리 잡게 되었죠. 겨울철에 특히 사랑받는 이 음료는 '따뜻한 와인'이라는 이름에 걸맞게 레드와인을 주재료로 하며 생강, 시나몬과 같은 향신료, 그리고 오렌지, 레몬 등의 여러 과일을 함께 끓이는 방식으로 만들어집니다. 겨울이면 한국에서 늘 유자차를 찾던 제가 프랑스에서는 자연스레 뱅쇼를 찾았던 기억이 나는데요. 시나몬 향이 가득한 뱅쇼 한 잔이면 온몸이 녹는 느낌까지 들어서 정말 좋았답니다. 뱅쇼 한 잔이면 겨울 감기도 끄떡없을 거예요!

❗클라라 선생님의 꿀팁

몽, 마, 메... 똥, 따, 떼... 쏭, 싸, 쎄...

오늘 배운 소유 형용사는, 소유주가 아닌 명사의 성과 수에 일치시켜야 하는 규칙 때문에 굉장히 헷갈릴 수 있어요. 어떻게 하면 좀 더 쉽게 외울 수 있을까요? 다행히도 소유주가 단수일 때는 소유 형용사의 맨 처음 알파벳만 바뀌기 때문에 첫 알파벳만 바꿔서 한 덩어리로 외우는 것을 추천합니다. 예를 들어서 '나의'일 때는 **m**을 넣어 남성 단수[몽], 여성 단수[마], 복수[메], '너의'일 때는 **t**를 넣어서 [똥], [따], [떼], '그의/그녀의'일 때는 **s**를 넣어서 [쏭], [싸], [쎄]로 한꺼번에 외워 주세요. 이렇게 한 덩어리로 외우면 훨씬 떠올리기 쉽답니다!

소유 형용사	남성 단수	여성 단수	복수
나의	mon [몽]	ma [마]	mes [메]
너의	ton [똥]	ta [따]	tes [떼]
그의/그녀의	son [쏭]	sa [싸]	ses [쎄]

France

문화 탐방 — 새콤, 달콤, 쌉쌀한 매력의 '뱅쇼'

음료 문화

여러분, 올 겨울에는 뱅쇼 한 잔 어떠세요? 뱅쇼는 각종 과일과 향신료, 설탕을 넣어 만든 따뜻한 와인으로 추운 겨울 크리스마스 마켓에서 아주 쉽게 찾아볼 수 있는 전통 음료입니다.

뱅쇼의 역사를 한 번 살펴볼까요? 뱅쇼의 역사는 고대 로마 시대로 거슬러 올라가는데요. 당시에는 소화를 돕기 위한 음료로써 꿀과 후추, 월계수 잎과 대추, 그리고 호두를 주재료로 하여 만들었는데, 이러한 향신료와 첨가물들은 와인을 좀 더 오랜 시간 보관할 수 있도록 도와주었답니다. 중세 시대가 되어서야 오늘날 우리가 즐기는 뱅쇼와 가까운 형태로 발전하게 되었는데요. 당시 향신료가 첨가된 와인이 유럽 전역에 걸쳐 대중화되기 시작했고, 계피와 같은 새로운 향신료가 쓰이기 시작했던 것이죠. 그렇게 북유럽과 동유럽에서 추운 겨울날 뱅쇼를 마시는 것이 전통이 되고 이내 유럽 곳곳으로 퍼졌답니다. 그 전통이 오늘날까지 이어져 오고 있는 거예요.

이러한 뱅쇼는 프랑스뿐만 아니라 스웨덴, 독일 등 유럽 여러 나라들이 각각 고유의 레시피를 가지고 있습니다. 스웨덴의 경우 화이트와인을 뱅쇼의 베이스로 사용하지만, 프랑스식 뱅쇼의 베이스는 레드와인으로, 그 안에 감귤이나 사과, 계피를 넣고 따뜻하게 데워 만드는 것이 특징입니다. 집집마다 고유한 레시피가 있기 때문에 맛이 획일적이지 않다는 것도 특징이라고 할 수 있어요.

아직 뱅쇼를 마셔 보지 못했다면 이번 겨울이 기회입니다! 프랑스에서 겨울을 보낼 수 없더라도 여러분이 계시는 곳이 어디든, 직접 만들어서 드셔 보는 걸 추천합니다.

Leçon

08

C'est notre maison.

이것은 우리의 집입니다.

학습 |
목표
- 소유 형용사 복수 인칭 학습하기
- 소유 형용사와 여러 사물 명사 활용하여 사물 소개하기

학습 |
단어
sac [싹] n.m. 가방 | **maison** [메종] n.f. 집 | **livre** [리브흐] n.m. 책 | **crêpe** [크헵쁘] n.f. 크레이프

ÉTAPE 01 지난 시간 떠올리기

▶ 지난 시간 학습했던 내용들을 떠올려 볼까요?

 소유 형용사 (나의, 너의, 그의, 그녀의)

지난 시간에는 '나의, 너의, 그의, 그녀의'에 해당하는 소유 형용사와 명사 '아버지, 어머니, 부모님'을 활용하여 가족을 소개하는 문장들을 만들었습니다. 소유 형용사의 가장 중요한 특징은 바로 주어가 아닌 명사의 성과 수에 일치시켜야 한다는 점이었는데요. 이는 오늘 배울 내용과도 일맥상통하기 때문에 지난 시간 배운 내용들을 정확하게 마스터하고 넘어가는 것이 매우 중요하답니다. 아래 표에 적힌 소유 형용사와 명사를 읽으면서 함께 준비 운동을 해 봅시다!

남성 단수	여성 단수	복수
mon	ma	mes
ton	ta	tes
son	sa	ses
père	mère	parents

오늘의 미션 | 학습이 끝나면 이 문장을 완벽하게 말할 수 있어요!

A: 이것은 그들의 집이니?

B: 아니, 이것은 우리의 집이야.

✔ 숫자 **33 trente-trois** [트헝뜨 트후아]

ÉTAPE 02 오늘의 학습

▶ 오늘 배울 내용들을 살펴보고, 머릿속에 차곡차곡 담아 볼까요?

 소유 형용사

지난 시간에 이어 오늘은 소유 형용사 복수 인칭을 학습해 봅시다. 단수 인칭과는 다르게 복수 인칭 소유 형용사는 남성 단수일 때와 여성 단수일 때의 형태가 동일합니다. '명사의 성과 수에 적합한 소유 형용사 사용하기'는 여러 번 강조해도 무리가 아닐 만큼 매우 중요한데요. 지난 시간에 배웠던 내용을 상기하면서 '우리의'에 해당하는 소유 형용사부터 학습해 볼까요?

> **소유 형용사 특징**
> - '나의, 너의, 그의, 그녀의'와 같이 소유를 나타내는 형용사
> - 기본 규칙: 명사 앞에 위치, 관사 대신 사용, 명사의 성과 수에 적합한 형태 사용

1) 우리의

남성 단수	여성 단수	복수
notre	notre	nos
[노트흐]	[노트흐]	[노]

❶ 소유 형용사 + 명사

지난 시간에는 가족 명사를 알려드렸다면 오늘은 사물 명사를 알려드리겠습니다. 사물 명사의 앞에 관사 대신 소유 형용사만 붙이면 '(누구)의 가방, (누구)의 집, (누구)의 책들'이라는 표현이 되겠죠?

가방	집	책들
le sac	la maison	les livres
[르 싹]	[라 메종]	[레 리브흐]

우리의 가방	우리의 집	우리의 책들
notre sac	notre maison	nos livres
[노트흐 싹]	[노트흐 메종]	[노 리브흐]

2) 너희의/당신의

남성 단수	여성 단수	복수
votre	votre	vos
[보트흐]	[보트흐]	[보]

❶ 소유 형용사 + 명사

너희의/당신의 가방	너희의/당신의 집	너희의/당신의 책들
votre sac	votre maison	vos livres
[보트흐 싹]	[보트흐 메종]	[보 리브흐]

3) 그들의/그녀들의

남성 단수	여성 단수	복수
leur	leur	leurs
[뢰흐]	[뢰흐]	[뢰흐]

Tip 소유 형용사 '그들의/그녀들의'의 경우 남성, 여성 단수와 복수의 발음이 모두 같으며, 복수 leurs의 s는 발음되지 않습니다.

❶ 소유 형용사 + 명사

그들의/그녀들의 가방	그들의/그녀들의 집	그들의/그녀들의 책들
leur sac	leur maison	leurs livres
[뢰흐 싹]	[뢰흐 메종]	[뢰흐 리브흐]

아래 표에 복수 인칭 소유 형용사와 그에 알맞은 사물 명사들을 정리했습니다. 본격적으로 사물을 소개하는 문장을 만들기 전에 한 번씩 읽으면서 머리와 입이 기억하도록 연습해 볼까요?

남성 단수	여성 단수	복수
notre	notre	nos
votre	votre	vos
leur	leur	leurs
sac	maison	livres

✔ 이것은 우리의 가방이다.   → C'est notre sac.

✔ 이것은 우리의 집이다.   → C'est notre maison.

✔ 이것들은 우리의 책이다.   → Ce sont nos livres.

✔ 이것은 너희의/당신의 가방이다.   → C'est votre sac.

✔ 이것은 너희의/당신의 집이다.   → C'est votre maison.

✔ 이것들은 너희의/당신의 책이다.   → Ce sont vos livres.

✔ 이것은 그들의/그녀들의 가방이다.   → C'est leur sac.

✔ 이것은 그들의/그녀들의 집이다.   → C'est leur maison.

✔ 이것들은 그들의/그녀들의 책이다.   → Ce sont leurs livres.

ÉTAPE 03 대화로 말해 보기

▶ 오늘 배운 문장들을 활용하여 대화를 나눠 봐요!

A | 이것은 너희의 가방이니?   → Est-ce que c'est votre sac ?

B | 응, 이것은 우리의 가방이야.   → Oui, c'est notre sac.

A | 이것은 그들의 집이니?   → Est-ce que c'est leur maison ?

B | 아니, 이것은 우리의 집이야.   → Non, c'est notre maison.

🔺 미션 확인   오늘의 핵심 문장을 완벽하게 외워 봅시다.

A: 이것은 그들의 집이니?   → Est-ce que c'est leur maison ?

B: 아니, 이것은 우리의 집이야.   → Non, c'est notre maison.

1 **밑줄에 들어갈 알맞은 프랑스어를 써 보세요.**

1. 우리의 가방

2. 너희의 집

3. 당신의 책들

4. 그들의 가방

5. 그들의 책들

2 **각 의문문에 알맞은 대답을 연결해 보세요.**

1. Est-ce que c'est votre •   • a. Oui, c'est notre
   maison ?   maison.

2. Est-ce que ce sont •   • b. Non, ce ne sont pas
   leurs livres ?   leurs livres.

3. Est-ce que c'est votre •   • c. Oui, c'est leur
   sac ?   maison.

4. Est-ce que c'est leur •   • d. Non, ce n'est pas
   maison ?   mon sac.

3 **주어진 낱말들로 문장을 만드세요.**

1. 이것은 너희의 집이니? (est-ce que / maison / votre / c'est)

2. 이것들은 그녀들의 책이니? (leurs / est-ce que / sont / livres / ce)

_____

3. 이것은 우리의 가방이다. (sac / c'est / notre)

_____

4 해석을 참고하여 프랑스어로 작문해 보세요.

1. 이것은 우리의 집이 아니다.

_____

2. 이것들은 너희의 책이다.

_____

3. 이것은 그들의 가방이 아니다.

_____

4. 이것들은 그녀들의 책이다.

_____

5 다음 질문에 대한 대답을 써 보세요.

1. Est-ce que ce sont leurs livres ?

(긍정) _____

2. Est-ce que c'est votre sac ?

(부정) _____

3. Est-ce que c'est leur maison ?

(긍정) _____

6 주어진 명사를 활용하여 문장을 만들어 보세요.

chapeau [샤뽀] n.m. 모자 | chaussures [쇼쒸흐] n.f.pl. 신발

*신발은 여성 명사로 단수 형태는 chaussure [쇼쒸흐]입니다.

1. 이것은 우리의 모자이다. _____

2. 이것들은 너희의 신발이다. _____

3. 이것은 그들의 모자니? _____

7 다음 중 알맞은 문장을 골라 체크해 보세요.

1. 이것은 우리의 가방이다.
   (a. C'est notre sac. / b. C'est votre sac.)

2. 이것들은 당신의 책이다.
   (a. Ce sont leurs livres. / b. Ce sont vos livres.)

3. 이것은 그녀들의 집이다.
   (a. C'est sa maison. / b. C'est leur maison.)

4. 이것들은 우리의 신발이다.
   (a. Ce sont vos chaussures. / b. Ce sont nos chaussures.)

정답

1 1. notre sac 2. votre maison 3. vos livres 4. leur sac 5. leurs livres

2 1. a 2. b 3. d 4. c

3 1. Est-ce que c'est votre maison ? 2. Est-ce que ce sont leurs livres ? 3. C'est notre sac.

4 1. Ce n'est pas notre maison. 2. Ce sont vos livres. 3. Ce n'est pas leur sac. 4. Ce sont leurs livres.

5 1. Oui, ce sont leurs livres. 2. Non, ce n'est pas notre sac. / Non, ce n'est pas mon sac. 3. Oui, c'est leur maison.

6 1. C'est notre chapeau. 2. Ce sont vos chaussures. 3. Est-ce que c'est leur chapeau ?

7 1. a 2. b 3. b 4. b

크레이프
crêpe [크헵쁘]

여러분, 프랑스에서는 오후 4시가 되면 과일이나 요거트 또는 간단한 빵을 간식으로 즐긴다는 사실, 알고 계신가요? 그래서 '간식'을 구어로 un quatre-heures [앙 꺄트회흐]라고 부르기도 한답니다. 간식 시간이 되면 저는 가끔씩 크레이프를 직접 만들어 먹었는데요. 갓 구워 낸 얇은 크레이프 위에 딸기잼, 사과잼, 초콜릿잼 등을 발라 먹었던 기억이 새록새록 떠오릅니다. 취향에 따라 더 다양한 재료들을 추가할 수 있는데요. 키위나 딸기 같은 과일 종류나 아이스크림, 생크림을 얹어서 먹을 수도 있겠죠? 친구들과 함께 달콤한 크레이프 파티 어떠신가요?

♥ 클라라 선생님의 꿀팁

'어머니, 아버지'를 '엄마, 아빠'로 부를 땐?

'어머니'는 프랑스어로 **mère**, '아버지'는 프랑스어로 **père**라고 알려드렸습니다. 하지만 한국에서도 '어머니, 아버지' 대신 '엄마, 아빠'를 더 많이 사용하듯 프랑스에서도 부모님을 부를 때 '엄마, 아빠'를 훨씬 더 많이 사용한답니다.

'엄마'에 해당하는 프랑스어는 **maman** [마멍], '아빠'는 **papa** [빠빠]입니다. 아주 간단하죠? 더 자연스럽고 친근하게 부모님을 부르고 싶을 땐 이 두 단어를 사용하여 불러 보는 건 어떨까요? 각각의 단어에 관사를 붙인 형태는 **la maman** [라 마멍], **le papa** [르 빠빠]라는 것도 함께 기억해 주세요!

문화 탐방

남녀노소 모두 좋아하는 '크레이프'

음식 문화

프랑스의 대표 디저트인 크레이프를 아시나요? 크레이프는 밀가루나 메밀 반죽을 아주 얇게 부쳐서 과일을 올려 먹거나 꿀, 각종 잼 등을 발라 먹는 팬케이크의 일종입니다. 남녀노소 누구나 좋아할 수밖에 없는 고소하고 달콤한 맛이 기가 막힌데요. 사실 프랑스의 크레이프는 굉장히 오래된 역사를 자랑한답니다.

크레이프의 기원은 13세기 중세로 거슬러 올라갑니다. 프랑스 북서부에 위치한 브르타뉴(Bretagne [브흐딴뉴])에서는 동양으로부터 메밀을 들여와 음식에 메밀가루를 사용하게 되는데요. 반죽에 메밀가루를 활용하면서 크레이프가 처음 개발되었답니다. 최초의 크레이프는 밀가루가 아닌 메밀가루 반죽으로 만들어진 것이죠. 그 후 밀가루가 요리에 널리 사용되면서 오늘날의 밀가루 반죽 크레이프가 만들어지게 되었답니다.

크레이프를 만드는 방법이 매우 간단하기 때문에 직접 만들어 먹는 경우도 굉장히 많습니다. 그럼 간단한 레시피를 알려드릴게요!

먼저 밀가루와 물, 우유, 달걀, 소금을 넣어 부드럽고 묽은 반죽을 만듭니다. 반죽이 완성되었다면 프라이팬에 버터를 두르고 앞서 만든 반죽을 한 국자 떠서 팬 위에 천천히 원을 그리며 부어 줍니다. 이때 중요한 것은 프라이팬의 바닥이 보이지 않을 정도의 소량만을 사용하는 것인데요. 반죽이 너무 두껍지 않도록 양을 잘 맞춰 주어야 해요. 반죽이 평평한 원 모양이 되도록 얇게 편 후, 뒷면이 노릇노릇하게 익었다면 뒤집어서 앞면을 익혀 줍니다. 마지막으로 맛있게 구워진 크레이프 위에 크림이나 잼을 발라서 접시에 얹으면 완성입니다. 아주 간단하죠? 프랑스 전통 디저트가 먹고 싶을 때, 아니면 집에 친구들이 찾아왔을 때 간단하지만 예쁘게 만들 수 있는 크레이프를 대접해 보세요. 친구들의 시선이 달라질 거예요!

Partie 03
나는 커피를 매우 좋아합니다.

학습 목표 '나는 ~을 매우 좋아한다' / '어떤 ~을 좋아하니?' / ' ~은 무엇입니까?' /
'~한 ~네요!' 말하기

J'adore le café.

Leçon
09

J'adore le café.
나는 커피를 매우 좋아합니다.

학습 | 목표
- ADORER(매우 좋아하다) 동사 학습하기
- ADORER 동사와 명사를 활용하여 기호 나타내기

학습 | 단어
thé [떼] n.m. 차 | coca [꼬꺄] n.m. 콜라 | bière [비에흐] n.f. 맥주 | pain au chocolat [빵 오 쇼꼴라] n.m. 초코빵

ÉTAPE 01 지난 시간 떠올리기

▶ 지난 시간 학습했던 내용들을 떠올려 볼까요?

 소유 형용사 (우리의, 너희의/당신의, 그들의, 그녀들의)

지난 시간에는 '우리의, 너희의/당신의, 그들의, 그녀들의'에 해당하는 소유 형용사와 여러 사물 명사를 활용하여 사물을 소개해 보았습니다. 복수 인칭 소유 형용사의 경우, 남성 단수일 때와 여성 단수일 때의 형태가 동일했던 것 잘 기억하고 있죠? 명사의 성과 수에 일치시키는 생소한 규칙 때문에 다소 까다롭게 느껴질 수 있지만, 일상에서 매우 유용하게 쓰이는 문법 요소 중 한 가지이므로 꼭 입에 익을 때까지 복습하시기를 추천합니다! 다음 강의로 넘어가기 전에 아래 소유 형용사와 명사를 활용하여 다시한번 문장을 만들어 볼까요?

남성 단수	여성 단수	복수
notre	notre	nos
votre	votre	vos
leur	leur	leurs
sac	maison	livres

⚠️ 오늘의 미션 학습이 끝나면 이 문장을 완벽하게 말할 수 있어요!

A: 당신은 무엇을 좋아하세요?

B: 나는 커피를 매우 좋아해요.

✔ 숫자 **34 trente-quatre** [트헝뜨 꺄트흐]

1 매우 좋아하다 adorer [아도헤] (단수 인칭 변형)

오늘은 1군 규칙 동사인 adorer 동사를 학습할 텐데요. 영어의 to adore와 동일한 동사로, 극도의 호감을 나타내고 싶을 때 사용하는 동사입니다. aimer 동사나 aimer beaucoup을 활용한 표현보다 좋아함의 강도가 더 크답니다. 모음 축약에 유의하면서 단수 인칭 변화부터 함께 읽어 볼까요?

 좋아함의 강도 aimer < aimer beaucoup < adorer

주어는	매우 좋아한다
J'	adore [쟈도흐]
Tu	adores [아도흐]
Il	adore [아도흐]
Elle	

 모음이나 무음 h로 시작하는 동사의 경우, 주어와 동사 사이에 축약과 연음이 일어납니다. (축약은 je에서만 일어납니다)

✔**확인 체크** adorer 동사의 현재 시제 단수 인칭 변형을 떠올리면서 써 봅시다.

주어는	매우 좋아한다
J'	✎
Tu	✎
Il	✎
Elle	✎

2 ~을 매우 좋아하다

1) adorer + 정관사 명사

adorer 동사의 단수 인칭 변형에 어느 정도 익숙해졌다면, 우리가 전에 학습했던 커피와 차, 그리고 adorer 동사를 활용하여 '~을 매우 좋아하다' 표현을 만들어 봅시다. aimer 동사와 같이 기호를 나타내는 동사 뒤에 명사가 올 때에는 정관사를 사용한다는 점 기억하고 있나요? 음료 명사도 정관사와 함께 배워 보겠습니다.

❶ 명사

커피	차
le café [르 꺄페]	le thé [르 떼]

✎ 나는 커피를 매우 좋아한다.   ➡ J'adore le café.

✎ 너는 커피를 매우 좋아한다.   ➡ Tu adores le café.

✎ 그는 차를 매우 좋아한다.   ➡ Il adore le thé.

✎ 그녀는 차를 매우 좋아한다.   ➡ Elle adore le thé.

3 매우 좋아하다 adorer [아도헤] (복수 인칭 변형)

단수 인칭 변형을 배웠으니 복수 인칭 변형도 배워야겠죠? 연음에 유의하면서 읽어 봅시다.

주어는	매우 좋아한다
Nous	adorons [아도홍]
Vous	adorez [아도헤]
Ils	adorent [아도흐]
Elles	

 확인 체크   adorer 동사의 현재 시제 복수 인칭 변형을 떠올리면서 써 봅시다.

주어는	매우 좋아한다
Nous	✎
Vous	✎
Ils	✎
Elles	✎

❶ 명사

저 Clara는 음료 중에서 톡 쏘는 콜라를 가장 좋아한답니다! 그래서 이번에는 제가 가장 선호하는 음료인 콜라와 맥주를 프랑스어로 알려드리려고 해요. 콜라는 남성 명사, 맥주는 여성 명사랍니다. 명사를 외울 때는 꼭 명사의 성도 함께 외워 주세요.

콜라	맥주
le coca	la bière
[르 꼬꺄]	[라 비에흐]

🗸 우리는 콜라를 매우 좋아한다.	➡ Nous adorons le coca.
🗸 너희는/당신은 콜라를 매우 좋아한다.	➡ Vous adorez le coca.
🗸 그들은 맥주를 매우 좋아한다.	➡ Ils adorent la bière.
🗸 그녀들은 맥주를 매우 좋아한다.	➡ Elles adorent la bière.

4 부정문 ne pas adorer

평서문은 완벽하게 마스터했으니 이제 부정문도 만들어 봐야겠죠? adorer 동사는 모음으로 시작하므로 ne와 모음 축약이 일어납니다. 부정문에 대한 문장 연습을 따로 하지 않는 이유는 adorer 동사를 부정문으로 쓰는 경우가 거의 없기 때문이에요. '~을 좋아하지 않는다'라고 할 땐 adorer 동사보다 aimer 동사의 부정문을 주로 쓴다는 점 기억해 주세요!

주어는	매우 좋아하지 않는다
Je	n'adore pas [나도흐 빠]
Tu	n'adores pas [나도흐 빠]
Il	n'adore pas [나도흐 빠]
Elle	
Nous	n'adorons pas [나도홍 빠]
Vous	n'adorez pas [나도헤 빠]
Ils	n'adorent pas [나도흐 빠]
Elles	

기호 묻기

상대방의 취향을 파악하려면 적절하게 질문도 할 줄 알아야겠죠? 이번에는 상대방이 무엇을 좋아하는지, 기호를 묻는 표현을 알려드릴게요. 큰 소리로 따라 읽어 봅시다.

✌ 너는 무엇을 좋아하니? → Qu'est-ce que tu aimes ?
　　　　　　　　　　　　　　께스　　끄　뛰　엠므

✌ 당신은 무엇을 좋아하세요? → Qu'est-ce que vous aimez ?
　　　　　　　　　　　　　　께스　　끄　　부제메

ÉTAPE **대화로 말해 보기**

▶ 오늘 배운 문장들을 활용하여 대화를 나눠 봐요!

A | 당신은 무엇을 좋아하세요? → Qu'est-ce que vous aimez ?

B | 나는 커피를 매우 좋아해요. → J'adore le café.

　　당신은요? Et vous ?
　　　　　　　[에]　[부]

A | 나는 차를 매우 좋아해요. → J'adore le thé.

A | 당신은 맥주를 좋아하세요? → Est-ce que vous aimez la bière ?

B | 네, 나는 맥주를 매우 좋아해요. → Oui, j'adore la bière.

　　네, 나는 그거 매우 좋아해요. Oui, j'adore ça.

🗻 **미션 확인**　오늘의 핵심 문장을 완벽하게 외워 봅시다.

A: 당신은 무엇을 좋아하세요? → Qu'est-ce que vous aimez ?
B: 나는 커피를 매우 좋아해요. → J'adore le café.

1 밑줄에 들어갈 알맞은 단어를 정관사와 함께 써 보세요.

1. 차 _____

2. 커피 _____

3. 콜라 _____

4. 맥주 _____

2 각 의문문에 알맞은 대답을 연결해 보세요.

1. Est-ce que tu aimes la bière ? •

2. Qu'est-ce que vous aimez ? •

3. Qu'est-ce qu'elles aiment ? •

4. Est-ce qu'il aime le café ? •

• a. Oui, il adore le café.

• b. Nous adorons le coca.

• c. Oui, j'adore la bière.

• d. Elles adorent le thé.

3 해석을 참고하여 프랑스어로 작문해 보세요.

1. 나는 맥주를 매우 좋아한다.

_____

2. 그녀들은 콜라를 매우 좋아한다.

_____

3. 그들은 차를 매우 좋아한다.

_____

adorer 동사를 활용하여 다음 질문에 대한 대답을 써 보세요.

1. Est-ce que vous aimez le coca ? (너희)

   (긍정) _____

2. Est-ce qu'elles aiment la bière ?

   (긍정) _____

3. Est-ce que tu aimes le thé ?

   (긍정) _____

 주어진 명사를 활용하여 문장을 만들어 보세요.

mode [모드] n.f. 패션 │ chocolat [쇼꼴라] n.m. 초콜릿

1. 나는 초콜릿을 매우 좋아한다. _____

2. 그는 패션을 매우 좋아한다. _____

3. 우리는 초콜릿을 매우 좋아한다. _____

4. 그들은 패션을 매우 좋아한다. _____

정답

1 1. le thé 2. le café 3. le coca 4. la bière

2 1. c 2. b 3. d 4. a

3 1. J'adore la bière. 2. Elles adorent le coca. 3. Ils adorent le thé.

4 1. Oui, nous adorons le coca. 2. Oui, elles adorent la bière. 3. Oui, j'adore le thé.

5 1. J'adore le chocolat. 2. Il adore la mode. 3. Nous adorons le chocolat. 4. Ils adorent la mode.

표현 더하기

▶ 오늘 배운 내용과 관련된 다양한 표현을 익혀 봐요!

초코빵
pain au chocolat [빵 오 쇼꼴라]

프랑스를 대표하는 디저트 빵으로는 초코빵이 빠질 수 없죠! 다크초콜릿이 두 줄로 길게 들어가 있는 모양의 큼지막한 초코빵을 한입 베어 물면, 입안 가득 초콜릿의 달콤함과 빵의 고소한 풍미가 동시에 느껴진답니다. 프랑스 정통 빵 중 하나인 초코빵, 요즘은 우리나라에서도 인기를 얻으며 제과점에서 비교적 쉽게 찾아볼 수 있는데요. 프랑스에서는 초코빵을 pain au chocolat [빵 오 쇼꼴라] 또는 chocolatine [쇼꼴라띤]이라고 부르기도 한답니다. 사람이나 지역에 따라 이 빵을 부르는 방식이 다를 수 있다고 하니 두 명칭 모두 기억해 두시면 좋을 것 같아요.

💡클라라 선생님의 꿀팁

'카페라테, 밀크티'는 프랑스어로?

여러분은 이제 '커피와 차, 콜라와 맥주' 등 여러 가지 음료 명사를 말할 수 있게 되었습니다. 카페나 바를 가더라도 원하는 음료를 주문할 수 있겠죠? 하지만 그냥 커피나 차보다 우유가 들어간 카페라테나 밀크티를 원하는 분들도 분명 계실 거예요. 그런 분들을 위해 이번에는 '카페라테'와 '밀크티'에 해당하는 프랑스어를 알려드리겠습니다. '카페라테'는 프랑스어로 '우유가 들어간 커피'라고 표현합니다. '~이 들어간'을 나타내기 위해서는 전치사 **à**를 사용하면 되는데요. **à** 뒤에 우유 **le lait** [르 레]를 붙인 **au lait** [올레]로 카페라테를 표현할 수 있어요(전치사 **à**와 정관사 **le**는 **au**로 축약된다는 것 기억하시죠?). 마찬가지로 '밀크티'는 프랑스식으로 '우유가 들어간 차'라고 표현합니다. **le thé**(차) 뒤에 **au lait**만 붙여 주세요. 같이 읽어 볼까요?

- **café au lait** [까페 올레] **n.m.** 카페라테
- **thé au lait** [떼 올레] **n.m.** 밀크티

문화 탐방

비에누아즈리와 초코빵

음식 문화

프랑스의 초코빵, pain au chocolat [빵 오 쇼꼴라]를 아시나요? 어떤 분들은 초콜릿 칩이 콕콕 박혀 있는 빵을 떠올릴 수도 있을 것이고, 어떤 분들은 부드러운 초콜릿 크림 이 가득한 빵을 떠올릴 수도 있을 텐데요. 프랑스의 전통 초코빵은 바삭한 식감의 빵 안 에 길다란 초콜릿 막대가 들어간 꽤나 심플한 모양의 빵이랍니다.

프랑스의 초코빵은 빵 종류 중에서도 비에누아즈리(viennoiserie [비에누아즈히])로 분류됩니다. 그렇다면 비에누아즈리는 무엇을 일컫는 용어일까요? 비에누아즈리는 '비엔나풍'이라는 뜻의 프랑스어입니다. 오스트리아 비엔나(Vienne [비엔느])의 제빵 사들이 빵을 반죽할 때 사용하던 고유의 방식을 프랑스에서 활용하면서 사용하게 된 용어로, 버터와 설탕, 크림, 계란 등을 섞은 반죽을 겹겹이 접어 쌓아 만든 페이스트 리식 반죽을 의미하기도 합니다. 즉, 오늘날의 페이스트리를 프랑스에서는 비에누아 즈리라고 일컫는 거예요. 그렇다면 비에누아즈리에는 오늘 알려드린 초코빵 외에 또 어떤 것들이 있을까요? 많은 사람들이 좋아하는 크루아상(croissant [크후아썽])이 나 우유빵(pain au lait [빵 올레]), 건포도빵(pain aux raisins [빵 오 헤장]), 브리오슈 brioche [브히오슈], 등이 바로 이 비에누아즈리에 속한답니다.

비에누아즈리로 분류되는 빵들은 디저트로 즐기기보다는 주로 아침 식사 때 커피나 우유와 함께 먹거나 간식 시간에 가볍게 즐기기에 좋습니다. 하지만 반죽에 사용되는 당도 높고 기름진 재료 때문에 비에누아즈리 하나의 열량이 약 300칼로리에 달한다 는 것도 기억해 두는 것이 좋겠죠? 고소함과 달콤함의 조화를 적절히 느낄 수 있는 매력적인 빵을 맛보고 싶으신 분들은 꼭 비에누아즈리를 드셔 보세요!

Leçon
10

Vous aimez quelles fleurs ?

당신은 어떤 꽃을 좋아하세요?

학습 | 목표	• '어느, 어떤, 무슨' 의문 형용사 QUEL(S), QUELLE(S) 활용하여 질문하기 • AIMER 동사와 ADORER 동사 활용하여 대답하기

학습 | 단어	**boisson** [부아쏭] n.f. 음료 | **football** [풋볼] n.m. 축구 | **tennis** [떼니스] n.m. 테니스 | **rose** [호즈] n.f. 장미 | **galette** [갈렛뜨] n.f. 갈레뜨

지난 시간 떠올리기

▶ 지난 시간 학습했던 내용들을 떠올려 볼까요?

1 매우 좋아하다 adorer [아도헤]

지난 시간에는 1군 동사인 adorer 동사와 여러 음료 명사들을 활용하여 '~을 매우 좋아하다'라는 표현을 만들어 보았습니다. aimer나 aimer beacoup보다 좋아함의 강도가 더 강한 것이 바로 adorer였죠? 모음으로 시작하는 동사이기 때문에 je에서 축약이 일어날 뿐 아니라 주어와 동사 사이에 연음도 일어난다는 것을 상기하면서 지난 시간에 배운 내용들을 다시 곱씹어 봅시다.

주어는	매우 좋아한다
J'	adore [쟈도흐]
Tu	adores [아도흐]
Il	adore [아도흐]
Elle	
Nous	adorons [아도홍]
Vous	adorez [아도헤]
Ils	adorent [아도흐]
Elles	

2 음료 명사 (정관사 + 명사)

커피	차
le café	le thé
[르 까페]	[르 떼]

콜라	맥주
le coca	la bière
[르 꼬꺄]	[라 비에흐]

⛰️ 오늘의 미션　학습이 끝나면 이 문장을 완벽하게 말할 수 있어요!

A: 당신은 어떤 꽃을 좋아하세요?

B: 나는 장미를 매우 좋아해요.

✌️ 숫자 **35 trente-cinq** [트헝뜨 쌍끄]

ÉTAPE 02 오늘의 학습

▶ 오늘 배울 내용들을 살펴보고, 머릿속에 차곡차곡 담아 볼까요?

1 의문 형용사 quel(le) [껠]

오늘은 '어느, 어떤, 무슨'이라는 뜻의 의문 형용사를 배워 보겠습니다. 의문 형용사는 수식하는 명사에 대해 질문할 때 사용하는 형용사로, 명사 앞에 위치하며 관사 대신 사용됩니다. 형용사이기 때문에 명사의 성과 수에 일치시키는 것은 당연하겠죠? 한 가지 좋은 소식은 남성 단수, 여성 단수, 그리고 남성 복수, 여성 복수일 때 모두 형태에 변화가 있지만 발음은 전부 똑같다는 거예요. 배울 준비 되셨나요?

> **의문 형용사 quel(le)의 특징**
>
> - '어느, 어떤, 무슨'의 뜻을 가진 형용사
> - 기본 규칙: 명사 앞에 위치, 관사 대신 사용, 명사의 성과 수에 적합한 형태 사용

2 어느, 어떤, 무슨 (+ 단수 명사)

남성 단수	여성 단수
quel	quelle
[껠]	[껠]

Tip quel과 quelle은 발음이 동일합니다.

운동	어떤 운동
le sport	quel sport
[르 스뽀흐]	[껠 스뽀흐]

음료	어떤 음료
la boisson	quelle boisson
[라 부아쏭]	[껠 부아쏭]

3 어떤 ~을 좋아하니 / 하세요?

의문 형용사와 운동 명사, 음료 명사를 활용하여 '어떤 운동, 어떤 음료'까지 만들었으니 이제 어떤 운동을 좋아하는지, 어떤 음료를 선호하는지 질문할 줄도 알아야겠죠? '좋아하다 aimer 동사'를 활용해서 상대의 취향에 대해 알아봅시다. aimer 동사 뒤에 quel(le) 명사를 붙이고 억양만 높여 주면 바로 의문문이 완성됩니다. 함께 만들어 볼까요?

aimer + quel(le) 단수 명사 ?

- 너는 어떤 운동을 좋아하니? → Tu aimes quel sport ?

- 그는 어떤 운동을 좋아하니? → Il aime quel sport ?

- 그녀는 어떤 운동을 좋아하니? → Elle aime quel sport ?

- 너희는 어떤 음료를 좋아하니? → Vous aimez quelle boisson ?

- 당신은 어떤 음료를 좋아하세요? → Vous aimez quelle boisson ?

- 그들은 어떤 음료를 좋아하니? → Ils aiment quelle boisson ?

- 그녀들은 어떤 음료를 좋아하니? → Elles aiment quelle boisson ?

④ 어느, 어떤, 무슨 (+ 복수 명사)

단수 명사를 활용하여 문장을 만들어 보았으니 이번에는 복수 명사를 활용할 차례입니다. 형용사 quel(le)은 남성 단수 quel에 s를 붙여 남성 복수 quels이 되고, 여성 단수 quelle에 s를 붙여 여성 복수 quelles이 됩니다.

남성 복수	여성 복수
quels	quelles
[껠]	[껠]
운동들	어떤 운동들
les sports	quels sports
[레 스뽀흐]	[껠 스뽀흐]
꽃들	어떤 꽃들
les fleurs	quelles fleurs
[레 플뢰흐]	[껠 플뢰흐]

Tip 영어로 '나는 꽃을 좋아해'를 표현할 때 I love flowers라고 하듯, 프랑스어로도 일반적인 꽃에 대해 이야기할 때에는 복수형을 사용합니다.

어떤 ~을 좋아하니 / 하세요?

앞서 '꽃을 좋아한다'라고 이야기할 때 일반적으로 복수형을 사용한다고 말씀드렸는데요. 그 이유는 우리가 꽃에 대한 이미지를 머릿속에 떠올릴 때 보통 한 송이가 아닌 여러 송이를 떠올리기 때문입니다. 그래서 '어떤 꽃'을 좋아하는지 물을 때에도 복수형으로 묻고, 대답을 할 때에도 복수형으로 대답한답니다. 꼭 기억해 주세요!

aimer + quel(le)s 복수 명사 ?

 당신은 어떤 운동들을 좋아하세요?　　➡ Vous aimez quels sports ?

 당신은 어떤 꽃을 좋아하세요?　　➡ Vous aimez quelles fleurs ?

 명사

누군가가 나에게 '어떤 운동을 좋아하니?, 어떤 꽃을 좋아하니?'라고 물으면 그에 대한 대답도 할 수 있어야 합니다. 이번에는 축구와 테니스, 그리고 장미를 프랑스어로 알려드릴게요.

축구	테니스	장미
le football	le tennis	les roses
[르 풋볼]	[르 떼니스]	[레 호즈]

Tip 축구 le football은 외래어이기 때문에 프랑스식이 아닌 영어식으로 발음해 줍니다. ex) 풋발 [x] 풋볼 [o]

▶ 오늘 배운 문장들을 활용하여 대화를 나눠 봐요!

A | 너는 어떤 운동을 좋아하니?　　　➡ Tu aimes quel sport ?

B | 나는 축구를 매우 좋아해.　　　➡ J'adore le football.

A | 당신은 어떤 음료를 좋아하세요?　　➡ Vous aimez quelle boisson ?

B | 나는 콜라를 많이 좋아해요.　　　➡ J'aime beaucoup le coca.

A | 당신은 어떤 운동들을 좋아하세요?　➡ Vous aimez quels sports ?

B | 나는 축구와 테니스를 좋아해요.　　➡ J'aime le football et le tennis.

　　당신은 어떤 꽃을 좋아하세요?　　　Vous aimez quelles fleurs ?

A | 나는 장미를 매우 좋아해요.　　　➡ J'adore les roses.

🏔️ 미션 확인　　오늘의 핵심 문장을 완벽하게 외워 봅시다.

A: 당신은 어떤 꽃을 좋아하세요?　➡ Vous aimez quelles fleurs ?

B: 나는 장미를 매우 좋아해요.　　➡ J'adore les roses.

1 밑줄에 들어갈 알맞은 프랑스어를 의문 형용사와 함께 써 보세요.

1. 어떤 음료 (단수)

2. 어떤 운동 (단수)

3. 어떤 꽃 (복수)

2 각 의문문에 알맞은 대답을 연결해 보세요.

1. Vous aimez quel
   sport ? •   • a. Elle adore le tennis
                                             et le football.

2. Ils aiment quelles
   fleurs ? •   • b. J'adore le coca.

3. Tu aimes quelle
   boisson ? •   • c. Ils aiment beaucoup
                                             les roses.

4. Elle aime quels
   sports ? •   • d. Nous adorons le
                                             football.

3 해석을 참고하여 프랑스어로 작문해 보세요.

1. 너는 어떤 꽃을 좋아하니?

2. 우리는 테니스와 축구를 많이 좋아한다.

3. 그녀는 어떤 음료를 좋아하니?

adorer 동사를 활용하여 다음 질문에 대한 대답을 써 보세요.

1. Tu aimes quels sports ?

(축구, 테니스) _____

2. Il aime quelles fleurs ?

(장미) _____

3. Elle aime quelle boisson ?

(맥주) _____

 주어진 명사를 활용하여 문장을 만들어 보세요.

| musique [뮈지끄] n.f. 음악 | animal [아니말] n.m. 동물 |

> **Tip** 어떤 동물을 좋아하는지 물을 때에는 단수형으로 질문하면 됩니다.

1. 너는 어떤 음악을 좋아하니? _____

2. 그는 어떤 동물을 좋아하니? _____

3. 당신은 어떤 음악을 좋아하세요? _____

4. 그들은 어떤 동물을 좋아하니? _____

정답

1 1. quelle boisson 2. quel sport 3. quelles fleurs

2 1. d 2. c 3. b 4. a

3 1. Tu aimes quelles fleurs ? 2. Nous aimons beaucoup le tennis et le football. 3. Elle aime quelle boisson ?

4 1. J'adore le football et le tennis. 2. Il adore les roses. 3. Elle adore la bière.

5 1. Tu aimes quelle musique ? 2. Il aime quel animal ? 3. Vous aimez quelle musique ? 4. Ils aiment quel animal ?

갈레트
galette [갈렛뜨]

갈레트는 얇은 메밀가루 반죽을 굽고 그 위에 버섯과 베이컨, 계란 등을 올려 모서리를 네모 모양으로 접어 만든 프랑스 요리입니다. 프랑스인들의 간식, 디저트 테이블에 자주 오른다고 알려 드렸던 크레이프를 기억하시나요? 그 크레이프의 요리 버전이 바로 갈레트랍니다! 처음으로 갈레트 전문점에 방문했을 때에는 갈레트의 겉만 보고 양이 아쉽다고 생각했는데, 막상 모두 먹고 나니 아주 배부르고 든든했던 기억이 납니다. 한국에서는 아직 조금 낯선 음식이지만 만들기 어렵지 않으니 한 끼 식사를 위한 요리로 도전해 보는 것도 괜찮을 것 같죠?

♥ 클라라 선생님의 꿀팁

프랑스의 행운의 상징은?

일반적으로 우리는 일상 생활 속에서 거미(**araignée** [아헤녜])를 발견하면 소스라치게 놀라 도망가거나 그 자리에서 잡아 버리곤 합니다. 하지만 프랑스에서는 거미를 행운의 상징으로 여긴답니다. 옛 프랑스 왕실에서는 거미가 거미줄을 치는 모습을 보고 나라의 번영을 예언한다고 믿었기 때문이에요. 또한 말굽 편자(**fer à cheval** [페흐 아 슈발])도 몇 세기 전부터 프랑스에서 행운을 부르고 액운을 막아 주는 대표적인 행운의 상징이 되었습니다. 그래서 편자 모양의 작은 팔찌나 목걸이 같은 액세서리를 착용하고 다니는 프랑스인들의 모습을 쉽게 발견할 수 있어요. 하지만 행운이 떨어져 나가는 것을 막기 위해서는 구부러진 가장자리가 위쪽을 향하게 착용해야 한답니다. 거꾸로 착용하면 안 돼요!

France

색다른 크레이프, 짭짤한 맛의 '갈레트'

**음식
문화**

지난번 문화 탐방 코너에서 알려드렸듯이, 얇은 팬케이크 위에 각종 크림이나 잼, 과일을 얹어 디저트로 즐기는 것이 바로 크레이프였는데요. 이 얇은 팬케이크 위에 잼이나 과일 대신, 각종 햄과 양파, 달걀 등 짭짤하고 고소한 재료들을 얹어 즐기는 경우도 있답니다. 이렇게 만든 음식이 바로 '갈레트 galette [갈렛뜨]'입니다. 갈레트는 프랑스 사람들의 사랑을 한몸에 받는 메인 디시이면서, 프랑스의 북서부 브르타뉴 (Bretagne [브흐딴뉴])에서 처음 개발된 음식으로 galette bretonne [갈레뜨 브흐똔느] 라고 불리기도 해요.

달달한 크레이프와 갈레트의 가장 큰 차이점은 반죽에 있습니다. 크레이프의 경우, 반죽을 만들 때 주재료로 밀가루가 쓰이는 반면 갈레트는 메밀가루를 주재료로 사용하는데요. 요즘은 크레이프를 만드는 반죽과 동일한 반죽으로 갈레트를 만드는 경우도 종종 있지만 전통 갈레트는 메밀로 만들어진다는 점이 특징이랍니다.

또한 갈레트는 팬케이크 위에 얹는 재료마다 그 이름이 달라지는데, 가장 기본으로 달걀과 치즈, 햄이 들어간 경우는 la complète [라 꽁쁠렛뜨]라고 불립니다. 또 염소 치즈, 햄, 호두를 올린 경우 la paysane [라 뻬이잔느], 훈제 연어와 크림, 레몬 그리고 딜(식물)을 얹었을 때에는 l'océane [로쎄안느], 마지막으로 사부아 Savoie [싸부아]산 치즈와 감자 등을 얹는 경우에는 la savoyarde [라 싸부아야흐드]라고 불립니다.

언뜻 보기에는 종이처럼 얇은 팬케이크 한 장이다 보니 양이 적어 보일 수 있지만, 반죽 위에 올라가는 재료들이 매우 풍성해서 든든하게 즐기기 좋을 거예요. 기호에 따라 좋아하는 갈레트의 종류를 골라서 꼭 한번 드셔 보세요!

Leçon 11

Quelle est votre nationalité ?

당신의 국적은 무엇입니까?

학습 목표	· '어느, 어떤, 무슨'을 뜻하는 의문 형용사 활용하여 의문문 만들기
	· 인적 사항 관련 명사 활용하여 질문하기

학습 단어	**nom** [농] n.m. 이름 │ **profession** [프호페씨옹] n.f. 직업 │ **nationalité** [나씨오날
	리떼] n.f. 국적 │ **adresse** [아드헤쓰] n.f. 주소 │ **rue** [휘] n.f. 길, 거리 │ **confit de**
	canard [꽁피 드 꺄나흐] n.m. 오리 요리(오리 콩피)

ÉTAPE 01 지난 시간 떠올리기

▶ 지난 시간 학습했던 내용들을 떠올려 볼까요?

 의문 형용사 quel(le) [껠]

지난 시간에 이어 오늘도 의문 형용사 quel(le)을 활용한 표현들을 배워 볼 텐데요. 의문 형용사 quel(le)
은 명사를 수식하기 때문에 주어가 아닌 명사의 성과 수에 일치시켜야 하고, 남성 단수/복수, 그리고 여
성 단수/복수일 때의 형태가 모두 다르지만 발음은 동일하게 [껠]로 한다는 것, 잘 기억하고 있죠? 지난
시간에는 aimer 동사를 활용하여 상대의 기호를 묻는 표현들을 만들어 보았습니다. 배웠던 문장들을
떠올리면서 다시 한번 같이 읽어 볼까요?

	남성	여성
단수	quel	quelle
복수	quels	quelles

② 어떤 ~을 좋아하니 / 하세요? : aimer + quel(le)(s) 명사 ?

너는 어떤 운동을 좋아하니?	→ Tu aimes quel sport ?
당신은 어떤 음료를 좋아하세요?	→ Vous aimez quelle boisson ?
당신은 어떤 운동들을 좋아하세요?	→ Vous aimez quels sports ?
당신은 어떤 꽃을 좋아하세요?	→ Vous aimez quelles fleurs ?

🔺오늘의 미션   학습이 끝나면 이 문장을 완벽하게 말할 수 있어요!

A: 당신의 국적은 무엇입니까?

B: 나는 한국인입니다.

🐌 숫자 **36 trente-six** [트헝뜨 씨스]

x

의문 형용사 quel(le) [껠]

의문 형용사 quel(le)을 충분히 복습했다면 본격적으로 오늘의 강의를 시작해 보겠습니다. 오늘도 계속해서 의문 형용사 quel(le)을 활용한 표현들을 익힐 텐데요. 특히 인적 사항과 관련된 명사들을 학습하여 누군가를 처음 만난 상황에서 상대의 이름이나 국적, 주소, 직업을 묻는 표현들을 연습하려고 합니다. 함께 시작해 볼까요?

② (명사)는 무엇입니까?

오늘 알려드릴 표현은 '~는 무엇입니까?'입니다. quel(le) est 뒤에 명사를 붙이고 억양을 높여주면 '(명사)는 무엇이니?'라는 표현이 완성되는데요. 뒤에 붙는 명사의 성과 수에 따라 의문 형용사 quel(le)의 형태도 달라지겠죠? 인적 사항과 관련된 명사들을 본격적으로 배워 봅시다.

Quel est 남성 명사 ?

Quelle est 여성 명사 ?

소유 형용사를 활용하여 '(너)의 이름, (당신)의 이름'을 만들어 봅시다. '이름'이 남성 명사이므로 소유 형용사도 남성 단수를 써야 해요!

이름	너의 이름	당신의 이름
le nom	ton nom	votre nom
[르 농]	[똥 농]	[보트흐 농]

✔ 너의 이름은 무엇이니?　　　　　➡ Quel est ton nom ?

✔ 당신의 이름은 무엇입니까?　　　➡ Quel est votre nom ?

이름이 무엇이냐는 질문에 'Je suis+이름'으로 간단하게 대답할 수도 있지만, s'appeler [싸쁠레] (불리다, 이름이 ~이다) 동사를 활용하여 '내 이름은 ~이다'라고 표현할 수 있습니다.

✔ 내 이름은 ~이다.　　　　　　　➡ Je m'appelle ~.

✔ 내 이름은 Clara이다.　　　　　➡ Je m'appelle Clara.

 Tip　'Je suis+이름'은 '나는 (이름)이다'이고, 'Je m'appelle+이름'은 '내 이름은 (이름)이다'라는 뜻입니다.

직업은 여성 명사이므로 소유 형용사도 여성 단수를 써 줍니다.

직업	너의 직업	당신의 직업
la profession	ta profession	votre profession
[라 프호페씨옹]	[따 프호페씨옹]	[보트흐 프호페씨옹]

 너의 직업은 무엇이니?　　　　➡ Quelle est ta profession ?

 당신의 직업은 무엇입니까?　　　➡ Quelle est votre profession ?

> **Tip** profession이 여성 명사이므로 의문 형용사도 quelle을 사용합니다.

국적	너의 국적	당신의 국적
la nationalité	ta nationalité	votre nationalité
[라 나씨오날리떼]	[따 나씨오날리떼]	[보트흐 나씨오날리떼]

 너의 국적은 무엇이니?　　　　➡ Quelle est ta nationalité ?

 당신의 국적은 무엇입니까?　　　➡ Quelle est votre nationalité ?

주소	너의 주소	당신의 주소
l'adresse	ton adresse	votre adresse
[라드헤쓰]	[또나드헤쓰]	[보트흐 아드헤쓰]

> **Tip** adresse와 같이 모음으로 시작하는 여성 명사 앞에서는 모음 충돌을 막기 위해 예외적으로 소유 형용사 단수 인칭에서 남성형을 사용합니다. ta adresse [x] ton adresse [o]

 너의 주소는 무엇이니?　　　　➡ Quelle est ton adresse ?

 당신의 주소는 무엇입니까?　　　➡ Quelle est votre adresse ?

▶ 오늘 배운 문장들을 활용하여 대화를 나눠 봐요!

A ┃ 너의 이름은 무엇이니?   ➜ Quel est ton nom ?

B ┃ 내 이름은 Clara야.   ➜ Je m'appelle Clara.

A ┃ 당신의 직업은 무엇입니까?   ➜ Quelle est votre profession ?

B ┃ 나는 학생입니다.   ➜ Je suis étudiant.

당신의 국적은 무엇입니까?   Quelle est votre nationalité ?

A ┃ 나는 (여성) 한국인입니다.   ➜ Je suis Coréenne.

당신의 주소는 무엇입니까?   Quelle est votre adresse ?

B ┃ 나는 Blanc가 3번지에 삽니다.   ➜ J'habite 3 **rue** Blanc.
                                                    [휘]

 Tip   habiter 동사 뒤에는 주로 전치사가 붙지만 국가나 도시를 제외한 주소를 이야기할 때에는 전치사 없이 바로 주소를 이야기합니다.

🏔️ 미션 확인   오늘의 핵심 문장을 완벽하게 외워 봅시다.

A: 당신의 국적은 무엇입니까? ➜ Quelle est votre nationalité ?

B: 나는 한국인입니다.   ➜ Je suis Coréen(ne).

1 밑줄에 들어갈 알맞은 프랑스어를 써 보세요.

1. 너의 이름

2. 당신의 직업

3. 너의 국적

4. 당신의 주소

2 각 의문문에 알맞은 대답을 연결해 보세요.

1. Quel est ton nom ?   •   • a. Je suis dentiste.

2. Quelle est votre
   adresse ?   •   • b. Je m'appelle Clara.

3. Quelle est votre
   nationalité ?   •   • c. J'habite 3 rue Blanc.

4. Quelle est ta
   profession ?   •   • d. Je suis Japonais.

3 주어진 낱말들로 문장을 만드세요.

1. 당신의 국적은 무엇입니까? (est / nationalité / quelle / votre)

2. 너의 직업은 무엇이니? (profession / est / ta / quelle)

3. 당신의 이름은 무엇입니까? (quel / nom / votre / est)

_____

4 **해석을 참고하여 프랑스어로 작문해 보세요.**

1. 당신의 주소는 무엇입니까?

_____

2. 나는 Blanc가 3번지에 삽니다.

_____

3. 당신의 이름은 무엇입니까?

_____

4. 내 이름은 Clara입니다.

_____

5 **다음 질문에 대한 대답을 써 보세요.**

1. Quelle est ta nationalité ?

((여)한국인) _____

2. Quelle est votre adresse ?

(Blanc가 3번지) _____

3. Quelle est votre profession ?

(피아니스트) _____

주어진 명사를 활용하여 문장을 만들어 보세요.

> numéro (de portable) [뉘메호(드 뽀흐따블르)] n.m. 핸드폰 번호

1. 너의 핸드폰 번호는 무엇이니?

2. 당신의 핸드폰 번호는 무엇입니까?

 다음 중 알맞은 문장을 골라 체크해 보세요.

1. 당신의 이름은 무엇입니까?
(a. Quel est votre nom ? / b. Quel est ton nom ?)

2. 너의 주소는 무엇이니?
(a. Quelle est votre adresse ? / b. Quelle est ton adresse ?)

3. 당신의 핸드폰 번호는 무엇입니까?
(a. Quel est ton numéro ? / b. Quel est votre numéro ?)

4. 너의 직업은 무엇이니?
(a. Quelle est ta profession ? / b. Quelle est votre profession ?)

정답

1 1. ton nom 2. votre profession 3. ta nationalité 4. votre adresse

2 1. b 2. c 3. d 4. a

3 1. Quelle est votre nationalité ? 2. Quelle est ta profession ? 3. Quel est votre nom ?

4 1. Quelle est votre adresse ? 2. J'habite 3 rue Blanc. 3. Quel est votre nom ? 4. Je m'appelle Clara.

5 1. Je suis Coréenne. 2. J'habite 3 rue Blanc. 3. Je suis pianiste.

6 1. Quel est ton numéro (de portable) ? 2. Quel est votre numéro (de portable) ?

7 1. a 2. b 3. b 4. a

표현 더하기

▶ 오늘 배운 내용과 관련된 다양한 표현을 익혀 봐요!

오리 요리(오리 콩피)
confit de canard [꽁피 드 꺄나흐]

confit de canard는 오리의 넓적다리 고기로 만든 프랑스 가정식인데요. confit는 '고기를 그 자체의 지방으로 익혀서 만든 요리'를 뜻하는 명사이고, canard는 '오리'를 뜻하는 명사랍니다. 월계수 잎과 타임(허브), 마늘 그리고 소금에 푹 절여진 후 오리 기름에 오랜 시간 익혀 조리된 이 요리는 오리고기의 부드러운 식감과 짭쪼름한 육즙 소스가 그야말로 일품인데요. 익힌 감자 와 당근 등 각종 채소를 곁들이면 더 맛있게 즐길 수 있습니다. 프랑스에서 공부하던 시절, 홈스 테이에서 먹었던 이 오리 콩피가 가끔씩 생각날 정도랍니다. 프랑스의 전통 가정식으로 큰 사랑 을 받는 confit de canard 여러분도 한번 드셔 보세요!

♥ 클라라 선생님의 꿀팁

또래 친구들끼리는?

오늘은 의문 형용사 **quel(le)**와 인적 사항을 나타내는 다양한 명사를 활용하여 누군가를 처음 만났을 때 쓸 수 있는 필수 표현들을 배웠습니다. 이번에는 동일한 문장들을 학교, 소모임 또 는 자유로운 파티에서 또래의 친구를 새로 만난 경우에 사용할 수 있도록, 더 친근하고 구어적 인 표현으로 알려드리려고 합니다. 바로 '**quel(le) est+명사 ?**'에서 **quel(le) est**를 '**c'est quoi**'로 바꾸는 방법인데요. 이는 또래나 친한 친구들끼리만 사용하는 구어체이기 때문에 모르는 사람이나 공적인 자리에서 함부로 사용할 경우 무례하게 보일 수 있답니다. 주의해서 사용해 주세요.

• **Quel est ton nom ?**	너의 이름은 무엇이니?
▶ **C'est quoi, ton nom?** [쎄 꾸아 똥 농]	네 이름 뭐야?
• **Quel est ton numéro ?**	너의 번호는 무엇이니?
▶ **C'est quoi, ton numéro ?** [쎄 꾸아 똥 뉘메호]	네 번호 뭐야?
• **Quelle est ta profession ?**	너의 직업은 무엇이니?
▶ **C'est quoi, ta profession ?** [쎄 꾸아 따 프호페씨옹]	네 직업 뭐야?

France

문화 탐방

프랑스의 전통 가정식 '오리 콩피'

음식 문화

오리 콩피(confit de canard [꽁피 드 꺄나흐])는 프랑스 전통 가정식을 대표하는 요리라고 할 수 있을 정도로 유명한 메인 요리입니다. 그래서 프랑스 가정식 레스토랑을 방문하면 메뉴판에서 그 이름을 꼭 찾을 수 있는데요. confit de canard를 직역하면 '오리고기 콩피 요리'인데, 그렇다면 '콩피'는 과연 무슨 뜻일까요? confit [꽁피]는 프랑스 남부 지방에서 유래한 요리 기법 중 한 가지로, 고기 고유의 지방이나 설탕, 식초 소스에 절이고 끓이는 방법으로 조리하는 것을 뜻합니다.

사실 confit de canard는 아주 먼 옛날, 음식을 보존하기 위해 사용된 요리법이었답니다. 식량난을 해소하기 위해 한 번 익힌 오리고기에 소금을 첨가하고 고기 자체의 기름에 절여 보관함으로써 공기가 스며들지 못하도록 막은 것이죠.

앙리 4세와 귀족들이 함께 모인 식사 자리에서 처음으로 이 오리 콩피가 테이블에 오른 후, 프랑스 메인 요리로 자리매김하게 되었고, 오늘날까지 많은 프랑스인들에게 사랑받는 음식이 되었답니다.

오리 콩피는 대부분 감자와 샐러드가 함께 나오거나 감자, 버섯, 렌틸콩, 양배추 등 각종 익힌 채소를 곁들여 먹기에도 좋습니다. 우리나라 곳곳의 프랑스 셰프가 운영하는 가정식 레스토랑에서도 예외 없이 즐길 수 있는 요리이니, 프랑스의 유명한 가정식 요리가 궁금한 분들은 오리 콩피(confit de canard)를 추천합니다!

Leçon
12

Quel beau garçon !

잘생긴 소년이네요!

학습 | 목표	• 다양한 형태의 감탄문 만들기
	• 형용사와 명사를 활용하여 감탄 나타내기

학습 | 단어	**plat** [쁠라] n.m. 음식 | **idée** [이데] n.f. 생각 | **vin rouge** [방 후쥬] n.m. 레드와인

지난 시간 떠올리기

▶ 지난 시간 학습했던 내용들을 떠올려 볼까요?

지난 시간 우리는 의문 형용사 quel과 être 동사 그리고 신분과 관련된 다양한 명사를 활용하여 이름과 직업, 국적, 그리고 주소를 물어보는 표현을 만들어 보았습니다. 새로운 만남은 늘 설레기 마련이죠. 처음 만난 사람들과 서로 알아갈 수 있는 질문 표현들을 머릿속에 완벽하게 저장해 놓는다면, 실제 상황이 오더라도 자연스럽게 대화를 이어 나갈 수 있겠죠? 본 수업으로 들어가기 전에, 지난 시간에 배웠던 표현부터 완벽하게 마스터하고 지나갑시다.

1 (명사)는 무엇입니까? : Quel est 남성 명사 ? / Quelle est 여성 명사 ?

당신의 이름은 무엇입니까?	→ Quel est votre nom ?
당신의 직업은 무엇입니까?	→ Quelle est votre profession ?
당신의 국적은 무엇입니까?	→ Quelle est votre nationalité ?
당신의 주소는 무엇입니까?	→ Quelle est votre adresse ?

오늘의 미션 학습이 끝나면 이 문장을 완벽하게 말할 수 있어요!

A: 이 사람은 Jean이야.

B: 잘생긴 소년이네!

숫자 **37 trente-sept** [트헝뜨 쎄뜨]

ÉTAPE 02 오늘의 학습

▶ 오늘 배울 내용들을 살펴보고, 머릿속에 차곡차곡 담아 볼까요?

1 감탄 형용사 quel(le) [껠]

오늘은 quel(e)의 또 다른 용법을 알려드리겠습니다. quel(le)은 주로 의문 형용사로 사용되지만 '얼마나 큰, 놀라운, 굉장한'이라는 뜻의 감탄 형용사로도 사용된답니다. 한국어로는 감탄을 표현할 때 문장 끝에 느낌표와 함께 '멋진데!, 예쁜데!, 맛있는데!'라고 이야기하죠? 마찬가지로 프랑스어도 이와 같은 감탄 표현을 자주 사용합니다. 지금부터 다양한 명사와 형용사 그리고 감탄 형용사 quel(le)을 활용하여 감탄 표현을 만들어 볼까요?

2 프랑스어 형용사

감탄 형용사는 관사를 대신하여 명사 앞에 붙어 쓰이기도 하지만, '~한 (명사)네요'와 같이 명사의 성질을 강조하고 싶을 때에는 '형용사+명사'와 함께 사용합니다. 오늘 사용할 형용사들은 이미 우리가 모두 학습했던, 일상생활에서도 자주 사용되는 형용사들인데요. 이와 같이 짧고 자주 사용되는 형용사들은 명사의 앞에 위치합니다. '짧고, 자주 사용되는 형용사는 명사 앞!' 꼭 기억해 주세요!

> **형용사의 특징**
> - 형용사는 수식하는 명사의 성과 수에 일치
> - 기본 규칙: 남성 형용사 + e ▶ 여성 형용사
> - 짧고 자주 사용하는 형용사는 명사 앞에 위치

소년	소녀
un garçon	une fille
[앙 갸흐쏭]	[윈느 피으]

잘생긴 소년	예쁜 소녀
un beau garçon	une belle fille
[앙 보 갸흐쏭]	[윈느 벨 피으]

귀여운 소년	귀여운 소녀
un joli garçon	une jolie fille
[앙 졸리 갸흐쏭]	[윈느 졸리 피으]

음식, 요리	생각
un plat	une idée
[앙 쁠라]	[위니데]
맛있는 음식, 요리	좋은 생각
un bon plat	une bonne idée
[앙 봉 쁠라]	[윈느 보니데]

② 감탄문

형용사를 활용하여 '잘생긴 소년'부터 '귀여운 소녀, 좋은 생각, 맛있는 요리' 등 다양한 표현을 만들었습니다. 이제 본격적으로 감탄 형용사를 활용한 감탄문을 만들어 볼까요? 방법은 아주 간단한데요. '(형용사)한 (명사)네요!'와 같은 표현을 만들려면, '형용사+명사' 앞에 감탄 형용사 quel(le)만 추가하고 느낌표만 붙이면 된답니다. quel(le)은 관사 대신 사용된다는 것, 기억하시죠? 명사의 성과 수에 맞추어 감탄문을 만들어 봅시다.

1) Quel(le) + 형용사 + 명사 ! : (형용사)한 (명사)네요!

 잘생긴 소년이네요! ➡ Quel beau garçon !

귀여운 소년이네요! ➡ Quel joli garçon !

맛있는 음식이네요! ➡ Quel bon plat !

예쁜 소녀네요! ➡ Quelle belle fille !

귀여운 소녀네요! ➡ Quelle jolie fille !

좋은 생각이네요! ➡ Quelle bonne idée !

2) Que + 평서문 ! : (주어)는 (형용사)하네요!

감탄문을 만들 수 있는 또 다른 방법을 알려드리겠습니다. 바로 que를 활용한 방법인데요. 평서문 앞에 que만 붙이고 문장의 끝에 느낌표만 찍으면 '(주어)는 ~하네요!'와 같은 감탄문이 됩니다. 아주 간단하죠? 주어가 모음으로 시작한다면 que와 모음 충돌이 일어나므로 축약해 주는 것, 잊지 마세요!

그는 잘생겼다.	➡ Il est beau.
그는 잘생겼네요!	➡ Qu'il est beau !
그녀는 예쁘다.	➡ Elle est belle.
그녀는 예쁘네요!	➡ Qu'elle est belle !
그는 귀엽네요!	➡ Qu'il est joli !
그녀는 귀엽네요!	➡ Qu'elle est jolie !

ÉTAPE 03 대화로 말해 보기

▶ 오늘 배운 문장들을 활용하여 대화를 나눠 봐요!

A	이 사람은 Jean이야.	➡ C'est Jean.
B	잘생긴 소년이네! 그는 잘생겼네!	➡ Quel beau garçon ! Qu'il est beau !
A	나는 카페에 가요.	➡ Je vais au café.
B	좋은 생각이네요!	➡ Quelle bonne idée !

🔺 미션 확인 오늘의 핵심 문장을 완벽하게 외워 봅시다.

| A: 이 사람은 Jean이야. | ➡ C'est Jean. |
| B: 잘생긴 소년이네! | ➡ Quel beau garçon ! |

ÉTAPE 04 연습 문제

▶ 문제를 풀어 보면서 공부한 내용들을 완전히 내 것으로 만들어 봐요!

1 밑줄에 들어갈 알맞은 프랑스어를 부정관사와 함께 써 보세요.

1. 잘생긴 소년 _____

2. 귀여운 소녀 _____

3. 맛있는 음식 _____

4. 좋은 생각 _____

2 각 문장에 알맞은 대답을 연결해 보세요.

1. C'est Jean.   •   • a. Quelle bonne idée !

2. C'est Juliette.   •   • b. Quelle belle fille !

3. Je vais au café.   •   • c. Quel beau garçon !

3 주어진 낱말들로 문장을 만드세요.

1. 맛있는 음식이네요! (plat / quel / bon)

_____

2. 좋은 생각이네요! (quelle / idée / bonne)

_____

3. 그는 잘생겼네요! (est / il / beau / qu')

_____

4. 그녀는 귀엽네요! (jolie / elle / qu' / est)

_____

해석을 참고하여 프랑스어로 작문해 보세요.

1. 좋은 생각이네요!

_____

2. 맛있는 음식이네요!

_____

3. 예쁜 소녀네요!

_____

4. 그는 귀엽네요!

_____

5 **괄호 안의 단어를 활용하여 다음 문장에 대한 감탄문을 써 보세요.**

1. Je vais au café.

(좋은 생각) _____

2. C'est Jean.

(귀여운 소년) _____

3. C'est Juliette.

(예쁜 소녀) _____

주어진 명사를 활용하여 문장을 만들어 보세요.

> paysage [뻬이자쥬] n.m. 풍경 | nouvelle [누벨] n.f. 소식

1. 멋진 풍경이네요!

_____

2. 좋은 소식이네요!

_____

 형용사 beau/belle은 사람뿐만 아니라 사물 명사에도 쓰이며 '멋진, 아름다운'을 뜻합니다.

 다음 중 알맞은 문장을 골라 체크해 보세요.

1. 맛있는 음식이네요!
   (a. Quel bonne idée ! / b. Quel bon plat !)

2. 멋진 풍경이네요!
   (a. Quel bon plat ! / b. Quel beau paysage !)

3. 그는 귀엽네요!
   (a. Qu'il est joli ! / b. Quel beau garçon !)

4. 그녀는 예쁘네요!
   (a. Qu'elle est belle ! / b. Quelle belle fille !)

정답

1 1. un beau garçon 2. une jolie fille 3. un bon plat 4. une bonne idée
2 1. c 2. b 3. a
3 1. Quel bon plat ! 2. Quelle bonne idée ! 3. Qu'il est beau ! 4. Qu'elle est jolie !
4 1. Quelle bonne idée ! 2. Quel bon plat ! 3. Quelle belle fille ! 4. Qu'il est joli !
5 1. Quelle bonne idée ! 2. Quel joli garçon ! 3. Quelle belle fille !
6 1. Quel beau paysage ! 2. Quelle bonne nouvelle !
7 1. b 2. b 3. a 4. a

표현 더하기

▶ 오늘 배운 내용과 관련된 다양한 표현을 익혀 봐요!

레드와인
vin rouge [방 후쥬]

여러분은 레드와인을 즐기시나요? 과일 향이 풍부한 피노 누아르(Pinot Noir [삐노 누아흐]), 카베르네 소비뇽(Cabernet Sauvignon [까베흐네 소비뇽]) 중 어떤 와인을 더 좋아하시나요? 프랑스는 전 세계가 인정하는 와인 생산지로 알려져 있는데요. 그만큼 프랑스인들의 식사 테이블에서 와인은 빼놓을 수 없는 필수 요소랍니다. 레드와인은 특히 육류와 잘 어울리는데, 근사한 스테이크 말고도 삼겹살에도 제법 잘 어울리니, 꼭 한번 같이 드셔 보세요.

💡 클라라 선생님의 꿀팁

감탄문 만드는 방법!

오늘은 'quel(le)+형용사+명사 !'와 'que+평서문 !'을 활용하여 감탄문 만드는 법을 알아보았는데요. 이 외에도 감탄을 표현할 수 있는 간단한 방법 두 가지를 더 알려드리려고 합니다. 바로 'comme+평서문 !'과 'qu'est-ce que 평서문 !'입니다. '어쩌면, 얼마나'라는 뜻의 comme 뒤에 평서문을 붙여 '어쩌면, 얼마나 (주어)는 ~하네요!'라는 감탄 표현이 가능하답니다. 또 '얼마나, 정말로'라는 의미의 qu'est-ce que 뒤에 평서문을 붙여서, 마찬가지로 '(주어)는 ~하네요!'라는 표현을 할 수 있어요. 이 두 가지 방법을 활용하여 함께 감탄문을 만들어 볼까요?

• Comme il est beau !	그는 잘생겼네요!
• Comme elle est jolie !	그녀는 귀엽네요!
• Qu'est-ce qu'il est beau !	그는 잘생겼네요!
• Qu'est-ce qu'elle est jolie !	그녀는 귀엽네요!

France

문화 탐방

깊은 숙성의 맛 '레드와인'

음료 문화

이번에는 레드와인에 대해 좀 더 깊이 알아보도록 합시다. 레드와인은 화이트와인이나 로제 와인, 샴페인 등 다른 종류의 와인들에 비해 떫은 맛이 강한 와인입니다. 포도의 씨와 줄기에는 떫은 맛을 내는 타닌 성분이 들어 있는데, 레드와인을 발효 시킬 때이 성분이 깊이 우러나기 때문에 레드와인은 떫은 맛이 강하답니다.

그렇다면 레드와인은 어떤 제조 과정을 거치게 될까요? 먼저, 적절한 시기에 포도를 수확하는 것이 매우 중요합니다. 그 다음 줄기를 제거한 포도 알맹이를 분쇄기에 넣어 으깬 후 발효 과정을 거치는데요. 발효 중에 껍질째로 으깨진 포도에서 붉은색이 우러나 비로소 레드와인의 색이 완성된답니다. 발효 과정을 거친 포도주를 다른 통으로 옮겨 담는 '정제'의 과정과 와인의 향과 맛을 결정짓는 중요한 '숙성' 과정을 거쳐 비로소 레드와인이 탄생됩니다.

와인을 사랑하는 분들이라면 꼭 들러야 하는 프랑스의 유명 포도 재배지도 알려드릴게요. 첫 번째로 알려드릴 곳은 프랑스에서 가장 유명한 보르도(Bordeaux)입니다. 최고급 와인을 주로 생산하는 메도크(메독)(Médoc [메도끄])가 바로 보르도 지역에 해당되는데요. 가볍고 신선한 보졸레(Beaujolais [보쫄레])산 와인을 맛보고 싶다면 부르고뉴(Bourgogne) 지역을, 향긋한 샴페인을 사랑하는 분들이라면 샴페인 생산지인 샹파뉴(Champagne) 지역을 방문해 보세요. 그 외에도 코드 뒤 론(Côte du Rhône), 루아르(Loire), 알자스(Alsace), 프로방스(Provence), 랑그 도크 루시용(Langue d'Oc-Roussillon) 등 프랑스의 유명 와인 산지들이 있으니, 평소 와인에 관심이 많은 분들이라면 와인 여행을 떠나 보시는 것도 추천합니다!

Je finis mon travail.

Leçon
13

Je finis mon travail.
나는 일을 끝냅니다.

학습 목표
- 2군 동사인 FINIR(끝내다) 동사의 단수 인칭 변형 학습하기
- FINIR 동사와 명사를 활용하여 문장 만들기

학습 단어
travail [트하바이으] n.m. 일 | encore [엉꼬흐] adv. 아직, 여전히, 다시 | vin blanc [방 블렁] n.m. 화이트와인

ÉTAPE 01 지난 시간 떠올리기

▶ 지난 시간 학습했던 내용들을 떠올려 볼까요?

 감탄문 만들기

지난 시간에는 지금까지 우리가 학습했던 명사, 형용사와 감탄 형용사 quel(le)을 활용하여 '(형용사)한 (명사)네요!'라는 감탄문을 만들어 보았습니다. que와 평서문을 사용하여 '(주어)는 (형용사)하네요!'라는 감탄 표현도 만들었고요. 감탄하는 것처럼 문장 끝을 올려 주면서 다시 한번 읽어 봅시다!

⚓ 잘생긴 소년이네요!	➡ Quel beau garçon !
⚓ 예쁜 소녀네요!	➡ Quelle belle fille !
⚓ 귀여운 소년이네요!	➡ Quel joli garçon !
⚓ 귀여운 소녀네요!	➡ Quelle jolie fille !
⚓ 맛있는 음식이네요!	➡ Quel bon plat !
⚓ 좋은 생각이네요!	➡ Quelle bonne idée !
⚓ 그는 잘생겼네요!	➡ Qu'il est beau !
⚓ 그녀는 예쁘네요!	➡ Qu'elle est belle !

🏔오늘의 미션 학습이 끝나면 이 문장을 완벽하게 말할 수 있어요!

A: 너는 (너의) 일을 끝내니?

B: 응, 나는 (나의) 일을 끝내.

⚓ 숫자 **38 trente-huit** [트헝뜨 위뜨]

ÉTAPE 02 오늘의 학습

▶ 오늘 배울 내용들을 살펴보고, 머릿속에 차곡차곡 담아 볼까요?

끝내다, 마치다 finir [피니흐] (단수 인칭 변형)

오늘은 새로운 동사를 알려드리려고 합니다. 지금까지 한 번도 다뤄 본 적 없던 2군 동사를 배워 볼 텐데요. 2군 동사는 1군과 마찬가지로 규칙 동사이며, 어미가 -ir로 끝난다는 특징이 있습니다. -ir로 끝나는 대부분의 동사들이 2군 동사지만, 3군 불규칙에 해당하는 동사들도 있으니 주의가 필요합니다. 2군 동사는 규칙 동사이므로 한 번만 제대로 학습하면 다른 2군 동사에도 적용할 수 있어요. 그럼 지금부터 finir 동사의 단수 인칭 변형을 배워 볼까요?

주어는	끝낸다
Je	finis [피니]
Tu	finis [피니]
Il	finit [피니]
Elle	

✔ 확인 체크 finir 동사의 현재 시제 단수 인칭 변형을 떠올리면서 써 봅시다.

주어는	끝낸다
Je	✎
Tu	✎
Il	✎
Elle	✎

1) 일을 끝내다

'일을 끝내다'와 같은 문장을 만들 때, finir 동사 뒤에 바로 '정관사+명사'를 붙여 finir le travail 라고 문장을 만들 수도 있지만, 소유 형용사를 활용하여 '(자신의) 일을 끝내다 finir son travail' 라고도 표현할 수 있습니다. 실제로 프랑스인들은 이와 같이 소유 형용사를 활용한 문장을 매우 빈번하게 사용하므로 함께 배워 두는 것이 좋답니다. 이때 명사 '일 le travail'는 남성 명사이며 단수로 쓰이기 때문에 소유 형용사도 이에 맞게 남성 단수 형태로 써야 합니다.

✔ 일	➡ le travail 르　트하바이으
✔ (자신의) 일을 끝내다	➡ finir son travail

✔ 나의 일	➡ mon travail
✔ 너의 일	➡ ton travail
✔ 그의/그녀의 일	➡ son travail

✔ 나는 (나의) 일을 끝낸다.	➡ Je finis mon travail.
✔ 너는 (너의) 일을 끝낸다.	➡ Tu finis ton travail.
✔ 그는 (그의) 일을 끝낸다.	➡ Il finit son travail.
✔ 그녀는 (그녀의) 일을 끝낸다.	➡ Elle finit son travail.

Tip '자신의' 일을 끝내는 것이기 때문에 문장에서 사용되는 주어에 맞는 소유 형용사를 사용합니다.

2) 숙제를 끝내다

이번에는 명사 '숙제 les devoirs'를 활용하여 '(자신의) 숙제를 끝내다'라는 문장을 만들어 봅시다. 프랑스에서는 실제로 '너 숙제 했니?'라고 물어볼 때도 소유 형용사를 사용한답니다. 숙제는 남성 복수 형태로 쓰기 때문에 소유 형용사도 남성 복수형을 써야 해요.

✔ 숙제	➡ les devoirs 레　드부아흐
✔ (자신의) 숙제를 끝내다	➡ finir ses devoirs

나의 숙제	→ mes devoirs
너의 숙제	→ tes devoirs
그의/그녀의 숙제	→ ses devoirs

나는 (나의) 숙제를 끝낸다.	→ Je finis mes devoirs.
너는 (너의) 숙제를 끝낸다.	→ Tu finis tes devoirs.
그는 (그의) 숙제를 끝낸다.	→ Il finit ses devoirs.
그녀는 (그녀의) 숙제를 끝낸다.	→ Elle finit ses devoirs.

② 부정문 ne pas finir

부정문으로 마무리해 볼까요? 동사의 앞뒤로 ne pas를 붙여 부정문을 만들어 봅시다.

주어는	끝내지 않는다
Je	ne finis pas [느 피니 빠]
Tu	ne finis pas [느 피니 빠]
Il	ne finit pas [느 피니 빠]
Elle	

나는 (나의) 숙제를 끝내지 않는다.	→ Je ne finis pas mes devoirs.
너는 (너의) 숙제를 끝내지 않는다.	→ Tu ne finis pas tes devoirs.
그는 (그의) 숙제를 끝내지 않는다.	→ Il ne finit pas ses devoirs.
그녀는 (그녀의) 숙제를 끝내지 않는다.	→ Elle ne finit pas ses devoirs.

A | 너는 (너의) 일을 끝내니? → Est-ce que tu finis ton travail ?

B | 응, 나는 (나의) 일을 끝내. → Oui, je finis mon travail.

A | 너는 (너의) 숙제를 끝내니? → Est-ce que tu finis tes devoirs ?

B | 아니, 나는 (나의) 숙제를 아직 끝내지 않고 있어. → Non, je ne finis pas **encore** mes
[엉꼬흐]
devoirs.

△ 미션 확인 오늘의 핵심 문장을 완벽하게 외워 봅시다.

A: 너는 (너의) 일을 끝내니? → Est-ce que tu finis ton travail ?

B: 응, 나는 (나의) 일을 끝내. → Oui, je finis mon travail.

연습 문제

▶ 문제를 풀어 보면서 공부한 내용들을 완전히 내 것으로 만들어 봐요!

1 밑줄에 들어갈 알맞은 단어를 소유 형용사와 함께 써 보세요.

1. 나의 일 / 너의 일 _____ / _____

2. 그의 숙제 / 그녀의 숙제 _____ / _____

2 각 의문문에 알맞은 대답을 연결해 보세요.

1. Est-ce que tu finis
   ton travail ? •

2. Est-ce qu'elle finit ses •
   devoirs ?

3. Est-ce qu'il finit son •
   travail ?

4. Est-ce que tu finis •
   tes devoirs ?

• a. Oui, elle finit ses
     devoirs.

• b. Non, je ne finis pas
     encore mon travail.

• c. Oui, je finis mes
     devoirs.

• d. Non, il ne finit pas
     son travail.

3 해석을 참고하여 프랑스어로 작문해 보세요.

1. 너는 (너의) 숙제를 끝내니?

_____

2. 아니, 나는 (나의) 숙제를 아직 끝내지 않아.

_____

3. 그녀는 (그녀의) 일을 끝내니?

_____

4. 응, 그녀는 (그녀의) 일을 끝내.

_____

4 다음 질문에 대한 대답을 써 보세요.

1. Est-ce qu'elle finit ses devoirs ?

   (긍정) _____

2. Est-ce que tu finis ton travail ?

   (긍정) _____

3. Est-ce qu'il finit ses devoirs ?

   (부정) _____

 5 주어진 명사를 활용하여 문장을 만들어 보세요.

livre [리브흐] n.m. 책 ｜ dessin [데쌍] n.m. 그림

1. 나는 (나의) 책을 끝낸다. _____

2. 너는 (너의) 책을 끝낸다. _____

3. 그는 (그의) 그림을 끝낸다. _____

4. 그녀는 (그녀의) 그림을 끝낸다.

 Tip '책을 다 읽다, 그림을 다 그리다'와 같은 표현을 finir 동사를 활용하여 '책을 끝내다, 그림을 끝내다'로 나타낼 수 있습니다.

정답

1 1. mon travail / ton travail 2. ses devoirs / ses devoirs

2 1. b 2. a 3. d 4. c

3 1. Est-ce que tu finis tes devoirs ? 2. Non, je ne finis pas encore mes devoirs. 3. Est-ce qu'elle finit son travail ? 4. Oui,
elle finit son travail.

4 1. Oui, elle finit ses devoirs. 2. Oui, je finis mon travail. 3. Non, il ne finit pas ses devoirs.

5 1. Je finis mon livre. 2. Tu finis ton livre. 3. Il finit son dessin. 4. Elle finit son dessin.

표현 더하기

ÉTAPE 05

▶ 오늘 배운 내용과 관련된 다양한 표현을 익혀 봐요!

화이트와인
vin blanc [방 블렁]

앞에서 레드와인은 고기와 잘 어울린다고 말씀드렸죠? 이번에 알려드릴 화이트와인은 생선 요리와 아주 잘 어울린답니다. blanc은 형용사로 '흰색의'라는 뜻을 지니기 때문에 vin blanc이라는 이름만 보고 투명한 와인일 거라 오해하는 분들이 많은데요. vin blanc은 실제로는 물처럼 투명하기보다는 노란빛을 띤답니다.

❗클라라 선생님의 꿀팁

자주 쓰이는 2군 동사는 어떤 것들이 있을까요?

이번 강에서 드디어 2군 동사의 첫 스타트를 끊었습니다! 2군 동사들은 규칙 동사이기 때문에 어미 변형 규칙만 안다면 혼자서도 손쉽게 주어 인칭에 맞는 어미 변형을 할 수 있습니다. 이번에는 2군 동사에 어떤 것들이 있는지, 자주 사용되는 알짜배기들만 골라서 알려드릴게요!

2군 규칙 동사들

- **finir** [피니흐] 끝내다
- **grandir** [그헝디흐] 자라다, 성장하다
- **vieillir** [비에이흐] 늙다, 나이 먹다
- **choisir** [슈아지흐] 고르다, 선택하다
- **grossir** [그호씨흐] 커지다, 살찌다
- **trahir** [트하이흐] 배반(배신)하다

France

문화 탐방 산뜻한 느낌의 '화이트와인'

음료 문화

떫지만 진하고 깊은 맛이 특징인 레드와인이 있는가 하면, 그에 비해 조금 더 산뜻하고 과일 향이 강한 맛의 화이트와인이 있습니다. 전문가들의 말에 따르면, 화이트와인은 인류가 포도를 재배하던 때부터 존재했기 때문에 적어도 2500년이 넘는 역사를 갖고 있다고 해요.

재미있는 사실은 화이트와인이 투명한 노란 빛을 띠기 때문에 실제로 백포도 품종이 있다고 잘못 아는 분들이 있다는 것인데요. 화이트와인은 청포도나 레드와인을 만들 때 쓰이는 적포도 품종을 사용하여 만든답니다. 그 중에서도 화이트와인을 만드는 대표적인 청포도 품종은 샤르도네(chardonnay [샤흐도네])와 소비뇽(sauvignon [소비뇽]) 그리고 리슬링(riesling [히쓸링])이 있어요.

세계적으로 유명한 포도 품종인 샤르도네는 프랑스의 부르고뉴 지역에서 처음으로 재배되었다고 전해지며, 소비뇽은 몇 세기 전부터 루아르와 보르도 지역에서 재배되는 품종으로 알려져 있습니다. 리슬링 품종으로 만들어진 와인들은 당도가 상대적으로 높은 편에 속하니 달콤한 와인을 좋아하는 분들은 기억해 두시면 좋을 것 같아요. 앞서 나열한 청포도 품종 말고 적포도 품종으로 화이트와인을 만들 때에는 붉은 색을 내는 포도 껍질을 금방 걷어 내는 방법을 사용한답니다.

산뜻하고 과일 향이 가득한 화이트와인, 생선 요리 같은 비교적 가벼운 요리를 먹으면서 기분 내고 싶은 날 음식에 곁들여 보시는 건 어떨까요?

Leçon
14

Nous finissons nos études.

우리는 학업을 끝냅니다.

학습 | 목표	• 2군 동사인 FINIR 동사의 복수 인칭 변형 학습하기 • FINIR 동사와 명사를 활용하여 문장 만들기

학습 | 단어	**étude** [에뛰드] n.f. 공부 | **repas** [흐빠] n.m. 식사 | **cette année** [쎄따네] 올해 | **cannelé** [까늘레] n.m. 까눌레

ÉTAPE 01 지난 시간 떠올리기

▶ 지난 시간 학습했던 내용들을 떠올려 볼까요?

지난 시간에는 2군 규칙 동사인 finir 동사의 단수 인칭 변형을 학습했는데요. 처음 접하는 2군 동사의 어미 변형이니만큼 함께 큰 소리로 읽으면서 복습해 봅시다.

1 끝내다, 마치다 finir [피니흐] (단수 인칭 변형)

주어는	끝낸다
Je	finis [피니]
Tu	finis [피니]
Il	finit [피니]
Elle	

2 부정문 ne pas finir

주어는	끝내지 않는다
Je	ne finis pas [느 피니 빠]
Tu	ne finis pas [느 피니 빠]
Il	ne finit pas [느 피니 빠]
Elle	

프랑스어는 소유 형용사의 활용도가 매우 높아서 실제로 프랑스인들의 일상 대화에 귀 기울여 보면 소유 형용사가 끊임없이 들리는 것을 알 수 있답니다. 소유 형용사를 활용한 표현을 함께 읽고 넘어가 볼까요?

3 일을/숙제를 끝내다

✔ 나는 (나의) 일을 끝낸다. → Je finis mon travail.

✔ 그는 (그의) 숙제를 끝낸다. → Il finit ses devoirs.

⛰️ 오늘의 미션   학습이 끝나면 이 문장을 완벽하게 말할 수 있어요!

A: 너희는 올해 학업을 끝내니?

B: 응, 우리는 올해 학업을 끝내.

✔ 숫자 39 trente-neuf [트헝뜨 뇌프]

오늘은 지난 시간에 이어 finir 동사에 대해 더 학습해 보려고 해요. finir 동사의 복수 인칭 변형을 배워 볼까요? 단수 인칭의 어미는 -is, -is, -it로 비교적 간단했지만, 복수 인칭 변형일 때는 어미의 길이가 조금 더 길어집니다. 어미 변형에 집중하면서 큰 소리로 읽어 봅시다.

 끝내다, 마치다 finir [피니흐] (복수 인칭 변형)

주어는	끝낸다
Nous	finissons [피니쏭]
Vous	finissez [피니쎄]
Ils	finissent [피니쓰]
Elles	

> **Tip** 2군 규칙 동사의 복수 인칭 변형 어미는 -issons, -issez, -issent입니다.

✔ 확인 체크 étudier 동사의 현재 시제 복수 인칭 변형을 떠올리면서 써 봅시다.

주어는	끝낸다
Nous	✎
Vous	✎
Ils	✎
Elles	✎

1) 학업을 끝내다

오늘의 첫 단어는 '공부'에 해당하는 명사 l'étude인데요. '학업'을 지칭할 때에는 복수 형태인 les études를 사용합니다. 이때는 명사가 복수 형태로 쓰이기 때문에 소유 형용사도 당연히 복수 형태로 써야 해요. 명사가 모음으로 시작하므로 소유 형용사와 명사 사이의 연음에 주의해야 한다는 점도 떠올려 보세요!

✍ 공부, 학업	➡ les études 레제뛰드
✍ (자신의) 학업을 끝내다	➡ finir ses études

✋ 우리의 학업	➡ nos études
✋ 너희의/당신의 학업	➡ vos études
✋ 그들의/그녀들의 학업	➡ leurs études

✋ 우리는 (우리의) 학업을 끝낸다.	➡ Nous finissons nos études.
✋ 너희는 (너희의) 학업을 끝낸다.	➡ Vous finissez vos études.
✋ 당신은 (당신의) 학업을 끝낸다.	➡ Vous finissez vos études.
✋ 그들은 (그들의) 학업을 끝낸다.	➡ Ils finissent leurs études.
✋ 그녀들은 (그녀들의) 학업을 끝낸다.	➡ Elles finissent leurs études.

2) 식사를 끝내다

두 번째로 알려드릴 명사는 '식사 le repas'입니다. '식사를 끝낸다'라는 표현을 할 때도 보통 소유 형용사를 활용하여 '(자신의) 식사를 끝내다'라고 말합니다. 종업원이 손님에게 식사를 마쳤는지 물을 때 들을 수 있는 표현이므로 제대로 알아 두면 좋겠죠? '식사 le repas'는 남성 단수로 쓰이므로 그에 알맞은 소유 형용사를 활용하여 문장을 만들어 봅시다.

✋ 식사	➡ le repas 르 흐빠
✋ (자신의) 식사를 끝내다	➡ finir son repas

✋ 우리의 식사	➡ notre repas
✋ 너희의/당신의 식사	➡ votre repas
✋ 그들의/그녀들의 식사	➡ leur repas

✓ 우리는 (우리의) 식사를 끝낸다.   ➡ Nous finissons notre repas.

✓ 당신은 (당신의) 식사를 끝낸다.   ➡ Vous finissez votre repas.

✓ 그들은 (그들의) 식사를 끝낸다.   ➡ Ils finissent leur repas.

✓ 그녀들은 (그녀들의) 식사를 끝낸다.   ➡ Elles finissent leur repas.

② 부정문 ne pas finir

마지막으로 부정문을 만들어 보겠습니다. 레스토랑에서 즐거운 식사를 하던 도중, 종업원이 오해하여 음식을 치우려고 한다면 '우리는 아직 식사를 끝내지 않았어요'라고 얘기할 수 있어야겠죠? 동사 앞뒤로 ne pas를 붙여서 2군 규칙 동사 복수 인칭 변형의 부정문을 만들어 봅시다.

주어는	끝내지 않는다
Nous	ne finissons pas [느 피니쏭 빠]
Vous	ne finissez pas [느 피니쎄 빠]
Ils	ne finissent pas [느 피니쓰 빠]
Elles	

✓ 우리는 (우리의) 식사를 끝내지 않는다.   ➡ Nous ne finissons pas notre repas.

✓ 당신은 (당신의) 식사를 끝내지 않는다.   ➡ Vous ne finissez pas votre repas.

✓ 그들은 (그들의) 식사를 끝내지 않는다.   ➡ Ils ne finissent pas leur repas.

✓ 그녀들은 (그녀들의) 식사를 끝내지 않는다.   ➡ Elles ne finissent pas leur repas.

ÉTAPE **03** 대화로 말해 보기

▶ 오늘 배운 문장들을 활용하여 대화를 나눠 봐요!

A| 너희는 올해 학업을 끝내니?

➡ Est-ce que vous finissez vos études cette année ?
[쎄따네]

B| 응, 우리는 올해 학업을 끝내.

➡ Oui, nous finissons nos études cette année.

A| 당신은 식사를 끝내나요?

➡ Est-ce que vous finissez votre repas ?

B| 아니요, 나는 아직 식사를 끝내지 않아요.

➡ Non, je ne finis pas encore mon repas.

🏔 미션 확인 오늘의 핵심 문장을 완벽하게 외워 봅시다.

A: 너희는 올해 학업을 끝내니?

➡ Est-ce que vous finissez vos études cette année ?

B: 응, 우리는 올해 학업을 끝내.

➡ Oui, nous finissons nos études cette année.

연습 문제

▶ 문제를 풀어 보면서 공부한 내용들을 완전히 내 것으로 만들어 봐요!

1 밑줄에 들어갈 알맞은 단어를 소유 형용사와 함께 써 보세요.

1. 우리의 학업 / 당신의 학업   _____ / _____

2. 그들의 식사 / 그녀들의 식사   _____ / _____

2 각 의문문에 알맞은 대답을 연결해 보세요.

1. Est-ce que vous finissez vos études cette année ? •

2. Est-ce qu'elles finissent leur repas ? •

3. Est-ce qu'ils finissent leurs études ? •

4. Est-ce que vous finissez votre repas ? •

• a. Oui, elles finissent leur repas.

• b. Non, nous ne finissons pas encore notre repas.

• c. Oui, je finis mes études cette année.

• d. Non, ils ne finissent pas leurs études.

3 해석을 참고하여 프랑스어로 작문해 보세요.

1. 너희는 올해 학업을 끝내니?

_____

2. 응, 우리는 올해 학업을 끝내.

_____

3. 당신은 식사를 끝내나요?

_____

4. 아니요, 나는 아직 식사를 끝내지 않아요.

_____

다음 질문에 대한 대답을 써 보세요.

1. Est-ce qu'ils finissent leurs études cette année ?

   (긍정) _____

2. Est-ce que vous finissez votre repas ? (당신)

   (긍정) _____

3. Est-ce qu'elles finissent leur repas ?

   (부정/encore) _____

 주어진 명사를 활용하여 문장을 만들어 보세요.

verre [베흐] n.m. 잔, 컵 ｜ journée [쥬흐네] n.f. 하루

1. 우리는 (우리의) 잔을 끝낸다. _____

2. 당신은 (당신의) 잔을 끝낸다. _____

3. 그들은 (그들의) 하루를 끝낸다. _____

4. 그녀들은 (그녀들의) 하루를 끝낸다. _____

> **Tip** '잔에 든 음료를 다 마시다'라는 표현을 finir 동사를 활용하여 '잔을 끝내다' 즉, '잔을 비우다'로 나타낼 수 있습니다.

정답

1 1. nos études / vos études 2. leur repas / leur repas

2 1. c 2. a 3. d 4. b

3 1. Est-ce que vous finissez vos études cette année ? 2. Oui, nous finissons nos études cette année. 3. Est-ce que vous finissez votre repas ? 4. Non, je ne finis pas encore mon repas.

4 1. Oui, ils finissent leurs études cette année. 2. Oui, je finis mon repas. 3. Non, elles ne finissent pas encore leur repas.

5 1. Nous finissons notre verre. 2. Vous finissez votre verre. 3. Ils finissent leur journée. 4. Elles finissent leur journée.

표현 더하기

▶ 오늘 배운 내용과 관련된 다양한 표현을 익혀 봐요!

까눌레
cannelé [까눌레]

프랑스 보르도 지방에서 만들어진 까눌레는 밀가루와 우유, 럼과 바닐라로 만들어진, 겉은 바삭하고 속은 촉촉한 디저트용 케이크입니다. 럼을 좋아하는 사람들에게는 까눌레가 넘버원 디저트로 손꼽히기도 한답니다. 커피와 잘 어울리는 쫀득한 식감의 디저트를 찾으신다면 겉바속촉 까눌레를 강력 추천합니다!

클라라 선생님의 꿀팁

프랑스 기념일에는 뭐가 있을까?

프랑스 기념일에는 어떤 날들이 있는지 알고 계신가요? 먼저 전세계적으로 공통된 기념일인 '1월 1일 새해'는 프랑스어로 **Nouvel an** [누벨렁]이라고 합니다. 그리고 '12월 25일 크리스마스'는 **Noël** [노엘]이라고 해요. 기념일의 발음이 멜로디처럼 아름답죠?

우리나라에는 어버이날이 있지만 프랑스는 아버지의 날과 어머니의 날이 구분되어 있다는 것, 알고 계셨나요? 매년 **5월** 마지막 주 일요일은 어머니의 날(**Fête des mères** [페뜨 데 메흐]), **6월** 셋째 주 일요일은 아버지의 날(**Fête des pères** [페뜨 데 뻬흐])랍니다.

마지막으로 '기념일' 하면 프랑스를 대표하는 국경일인 혁명 기념일을 빼놓을 수 없는데요. **7월14일** 혁명 기념일은 프랑스로 **Fête nationale** [페뜨 나씨오날]로 부른답니다.

오늘 다룬 프랑스 기념일들을 기억했다가 해당 날에 적절한 인사말과 선물을 해 보는 것도 좋을 것 같아요.

France

문화 탐방 — 아담하고 귀여운 '까눌레'

음식 문화

'까눌레'라는 디저트 이름을 들어 본 적 있으신가요? 얼마 전까지만 해도 생소했던 이 작은 디저트가 우리나라 곳곳에서 모습을 드러내기 시작했는데요. 겉은 바삭하고 속은 촉촉해서 많은 사랑을 받고 있는 까눌레에 대해 알아볼까요?

까눌레(cannelé [까늘레])는 손바닥 위에 올려 놓으면 손가락으로 포개지는 아담한 사이즈의 프랑스 전통 디저트랍니다. 세로로 주름이 잡혀 마치 꽃을 연상시키는 까눌레는 세로로 여러 개의 홈이 파인 5cm 크기의 틀에 반죽을 넣고 오븐에 구워 내는 방식으로 만들 수 있는데요. 달콤한 럼과 바닐라를 넣은 반죽으로 만들어서 속은 쫀득쫀득 촉촉하고, 겉은 캐러멜화되어 바삭한 식감이 특징이랍니다. 이러한 식감을 위해서는 오븐에 사용되는 반죽 틀의 재질이 매우 중요한데요. 처음 10분 동안 250도의 고온에서 뜨겁게 구워 내어 겉을 바삭하게 만든 다음, 190도로 낮춰 약한 불로 속을 부드럽고 쫄깃하게 굽기 때문에 동 재질의 틀 또는 알루미늄 틀을 사용해야 해요.

이번에는 까눌레의 역사를 살펴볼까요? 한국에서는 '까눌레' 또는 영어 식으로 발음해서 '카눌레'라고 간단하게 부르지만 제대로 된 프랑스식 이름은 '보르도의 까눌레(cannelé de Bordeaux [까늘레 드 보흐도])'입니다. 정식 이름에서도 알 수 있듯이 까눌레는 보르도 지역에서 유래된 디저트인데요. 실제로 18세기 즈음 보르도의 지롱드(Gironde [지홍드])에 위치한 안농시아드(Annonciades [아농씨아드]) 수도원에서 수녀들이 이 디저트를 처음 만들었다고 해요. 그 후 시간이 흐르면서 조리법이 점점 더 개선되어 오늘날의 레시피가 완성된 것이죠. 아직도 까눌레를 안 먹어 보셨다고요? 거리를 걷다가 제과점을 발견한다면 작고 앙증맞은 까눌레 하나 꼭 사서 드셔 보세요!

Louis est plus beau que Léo.

Leçon
15

Louis est plus beau que Léo.

Louis는 Léo보다 더 잘생겼습니다.

학습 | 단어	**plus** [쁠뤼] adv. 더, 더 많이 | **moins** [무앙] adv. 덜 | **crème brûlée** [크헴 브휠레]
	n.f. 크렘브륄레

지난 시간 떠올리기

ÉTAPE 01

▶ 지난 시간 학습했던 내용들을 떠올려 볼까요?

본 강의를 시작하기 전에, 지난 시간 배웠던 2군 동사인 finir 동사의 복수 인칭 변형과 학업·식사 명사를 활용한 문장 만들기를 복습하면서 워밍업을 해 봅시다. '(자신의) 일/숙제/학업/식사를 끝내다'라는 표현을 할 때에는 명사 앞에 소유 형용사를 쓴다는 것 기억하시죠? 같이 큰 소리로 읽어 봅시다.

1 끝내다, 마치다 finir [피니흐] (복수 인칭 변형)

주어는	끝낸다
Nous	finissons [피니쏭]
Vous	finissez [피니쎄]
Ils	finissent [피니쓰]
Elles	

2 부정문 ne pas finir

주어는	끝내지 않는다
Nous	ne finissons pas [느 피니쏭 빠]
Vous	ne finissez pas [느 피니쎄 빠]
Ils	ne finissent pas [느 피니쓰 빠]
Elles	

3 학업을/식사를 끝내다

- 당신은 (당신의) 학업을 끝낸다. → Vous finissez vos études.

- 그녀들은 (그녀들의) 식사를 끝낸다. → Elles finissent leur repas.

오늘의 미션 학습이 끝나면 이 문장을 완벽하게 말할 수 있어요!

Louis는 Léo보다 더 잘생겼어.

✔ 숫자 **40 quarante** [까헝뜨]

비교급

이번 시간에는 비교급을 배워 볼 텐데요. '(~보다) 더 ~하다, (~보다) 덜 ~하다'와 같은 비교 표현들은 일상생활에서 자주 사용하는 만큼 꼭 알고 넘어가야 하는 필수 문법입니다. 같이 알아볼까요?

1) (~보다) 더 ~하다

'주어는 더 ~하다'라는 우등 비교 표현을 하고 싶다면, 주어-동사(être) 뒤에 '더, 더 많이'라는 뜻의 부사 plus를 쓰고 형용사만 붙이면 됩니다. 이때 형용사는 주어의 성과 수에 일치시켜야 한다는 것도 꼭 기억해 주세요! 만일 '~보다 더 ~하다'처럼 비교 대상을 제시하고 싶다면 문장의 끝에 'que 비교 대상'을 덧붙이면 된답니다. 지금부터 함께 우등 비교 표현을 만들어 볼까요?

주어 + 동사 + **plus** 형용사 (**que** 비교 대상)

키가 큰	➡ grand(e)
더 키가 큰	➡ plus grand(e)

Léo는 더 키가 크다.	➡ Léo est plus grand.
Léo는 Louis보다 더 키가 크다.	➡ Léo est plus grand que Louis.

Marie는 더 키가 크다.	➡ Marie est plus grande.
Marie는 Julie보다 더 키가 크다.	➡ Marie est plus grande que Julie.

Tip Marie는 여성이므로 형용사도 여성형으로 씁니다.

키가 작은	➡ petit(e)
더 키가 작은	➡ plus petit(e)

✔ Louis는 Léo보다 더 키가 작다.   → Louis est plus petit que Léo.

✔ Julie는 Marie보다 더 키가 작다.   → Julie est plus petite que Marie.

✔ 잘생긴/아름다운   → beau/belle

✔ 더 잘생긴/더 아름다운   → plus beau/plus belle

✔ Louis는 Léo보다 더 잘생겼다.   → Louis est plus beau que Léo.

✔ Julie는 Marie보다 더 아름답다.   → Julie est plus belle que Marie.

2) (~보다) 덜 ~하다

우등 비교 표현을 마스터했으니 이번에는 열등 비교 표현을 학습해 봅시다. '주어는 덜 ~하다'라고 말하고 싶을 땐 주어-동사 뒤에 '덜'이라는 뜻의 부사 moins, 그리고 형용사를 덧붙이면 됩니다. 아주 간단하죠? 우등 비교 표현과 마찬가지로, 비교 대상을 제시하고 싶다면 문장의 끝에 'que 비교 대상'을 적어 주세요.

주어 + 동사 + moins 형용사 (que 비교 대상)

✔ 덜 키가 큰   → moins grand(e)

✔ Louis는 Léo보다 덜 키가 크다.   → Louis est moins grand que Léo.

✔ Julie는 Marie보다 덜 키가 크다.   → Julie est moins grande que Marie.

Tip '더 키가 작다'라고 표현할 수도 있지만 moins을 활용하여 '덜 키가 크다'라고 완곡하게 비교 표현을 만들 수도 있습니다.

✓ 덜 잘생긴/덜 아름다운 → moins beau/moins belle

✓ Léo는 Louis보다 덜 잘생겼다. → Léo est moins beau que Louis.

✓ Marie는 Julie보다 덜 아름답다. → Marie est moins belle que Julie.

ÉTAPE **03** **대화로 말해 보기**

▶ 오늘 배운 문장들을 활용하여 대화를 나눠 봐요!

A | Louis는 Léo보다 더 잘생겼니? → Louis est plus beau que Léo ?

B | 응, 그는 Léo보다 더 잘생겼어. → Oui, il est plus beau que Léo.

Marie는 Julie보다 더 아름답니? Marie est plus belle que Julie ?

A | 아니, 그녀는 Julie보다 덜 아름다워. → Non, elle est moins belle que Julie.

미션 확인 오늘의 핵심 문장을 완벽하게 외워 봅시다.

Louis는 Léo보다 더 잘생겼어. → Louis est plus beau que Léo.

ÉTAPE 04 연습 문제

▶ 문제를 풀어 보면서 공부한 내용들을 완전히 내 것으로 만들어 봐요!

1 밑줄에 들어갈 알맞은 말을 써 보세요.

1. 더 키가 큰 _____

2. 더 키가 작은 _____

3. 덜 잘생긴/덜 아름다운 _____

4. 덜 키가 큰 _____

2 각 의문문에 알맞은 대답을 연결해 보세요.

1. Louis est plus beau que Léo ? •

2. Julie est plus belle que Marie ? •

3. Léo est plus petit que Louis ? •

4. Marie est plus grande que Julie ? •

• a. Non, Marie est plus belle que Julie.

• b. Oui, Louis est plus beau que Léo.

• c. Non, Marie est moins grande que Julie.

• d. Oui, Léo est plus petit que Louis.

3 주어진 낱말들로 문장을 만드세요.

1. Léo는 Louis보다 더 잘생겼니? (Louis / beau / plus / que / Léo / est)

_____

2. Julie는 Marie보다 덜 키가 크다. (grande / Julie / est / que / moins / Marie)

_____

3. Marie는 Julie보다 더 아름답니? (est / Julie / belle / que / Marie / plus)

_____

④ **해석을 참고하여 프랑스어로 작문해 보세요.**

1. Léo는 Louis보다 덜 잘생겼다.

_____

2. Julie는 Marie보다 덜 키가 크다.

_____

3. Louis는 Léo보다 더 키가 작다.

_____

4. Marie는 Julie보다 더 아름답다.

_____

⑤ **다음 질문에 대한 대답을 써 보세요.**

1. Léo est plus grand que Louis ?

(부정/moins) _____

2. Marie est plus grande que Julie ?

(긍정) _____

3. Julie est plus belle que Marie ?

(부정/moins) _____

6 주어진 형용사를 활용하여 문장을 만들어 보세요.

> mince [망쓰] adj. 날씬한 | gentil/gentille [졍띠/졍띠으] adj. 친절한

1. Léo는 Louis보다 더 날씬하다. _____

2. Julie는 Marie보다 덜 친절하다. _____

3. Louis는 Léo보다 더 친절하다. _____

 7 다음 중 알맞은 문장을 골라 체크해 보세요.

1. Julie는 Marie보다 더 친절하니?
(a. Julie est plus gentille que Marie ? / b. Marie est plus gentille que Julie ?)

2. Léo는 Louis보다 더 잘생겼다.
(a. Léo est moins beau que Louis. / b. Léo est plus beau que Louis.)

3. Marie는 Julie보다 덜 키가 크다.
(a. Marie est plus petite que Julie. / b. Marie est moins grande que Julie.)

4. Louis는 Léo보다 덜 날씬하다.
(a. Léo est plus mince que Louis. / b. Louis est moins mince que Léo.)

정답

1 1. plus grand(e) 2. plus petit(e) 3. moins beau/belle 4. moins grand(e)

2 1. b 2. a 3. d 4. c

3 1. Léo est plus beau que Louis ? 2. Julie est moins grande que Marie. 3. Marie est plus belle que Julie ?

4 1. Léo est moins beau que Louis. 2. Julie est moins grande que Marie. 3. Louis est plus petit que Léo. 4. Marie est plus belle que Julie.

5 1. Non, Léo/il est moins grand que Louis. 2. Oui, Marie/elle est plus grande que Julie. 3. Non, Julie/elle est moins belle que Marie.

6 1. Léo est plus mince que Louis. 2. Julie est moins gentille que Marie. 3. Louis est plus gentil que Léo.

7 1. a 2. b 3. b 4. b

표현 더하기

▶ 오늘 배운 내용과 관련된 다양한 표현을 익혀 봐요!

크렘브륄레
crème brûlée [크헴 브휠레]

크렘브륄레는 시원하고 달콤한 바닐라 크림과 그 위의 얇은 캐러멜 층의 조화가 환상적인 디저트입니다. 먹기 전에 윗부분을 불에 살짝 그을려 캐러멜 층을 만들어 주는 것이 포인트인데요. 티스푼으로 캐러멜 층을 깨면서 시원한 크림과 함께 떠먹으면 정말 맛있답니다. 스트레스 받은 날 기분 좋은 단 맛을 느끼고 싶다면 크렘브륄레를 추천합니다.

❗클라라 선생님의 꿀팁

Clara는 Julie만큼 키가 커

오늘 강의에서는 '더 ~하다'와 같은 우등 비교 표현과 '덜 ~하다'라는 뜻의 열등 비교 표현을 배워 보았습니다. 하지만 비교 대상끼리 서로 비슷한 경우도 존재하겠죠? 이럴 땐 어떻게 표현할 수 있을까요? '~만큼 ~하다'라는 표현을 알려드릴게요.

앞 강 '대화로 말해 보기'코너에 등장했던 '~ 또한, ~ 역시'를 뜻하는 부사, 기억하시나요? 바로 **aussi** [오씨]인데요. 주어-동사 뒤에 **aussi**+형용사 (**que** 비교 대상)을 붙이면 주어는 '비교 대상만큼 ~하다'라는 표현이 완성된답니다. 함께 만들어 볼까요?

• Clara는 Julie만큼 키가 크다.　　Clara est aussi grande que Julie.

• Clara는 Julie만큼 아름답다.　　Clara est aussi belle que Julie.

• Clara는 Marie만큼 친절하다.　　Clara est aussi gentille que Marie.

문화 탐방

스푼으로 톡톡 깨서 먹는 '크렘브륄레'

음식 문화

이번에는 프랑스 레스토랑 단골 디저트인 크렘브륄레에 대해 알아볼까요? crème은 '크림'을, brûlée는 '불에 그을린'이라는 뜻을 가진 단어로, 크렘브륄레는 '불에 그을린 크림'이라는 의미를 지녔습니다. 이름만큼이나 맛도 매력적인 이 디저트의 기원은 17세기로 거슬러 올라가는데요. 1691년 프랑수아 마시알로(François Massialot)라 불리는 유명 요리사가 만든 <왕족과 부르주아의 요리사(Le Cuisinier royal et bourgeois)>에서 처음으로 레시피가 발견되었지만, 오늘날의 그것과는 사뭇 다릅니다. 우리가 레스토랑에서 즐길 수 있는 현대적인 크렘브륄레의 레시피는 1982년 프랑스인 셰프 알랭 셀락(Alain Sailhac)에 의해 개발된 것이랍니다.

크렘브륄레는 테이블 위에 올라가기 전, 차가운 커스터드 크림 위에 설탕을 뿌리고 약한 불에 그을려 캐러멜 토핑을 만들어 내는 방식으로 조리합니다. 그래서 커스터드 크림의 위쪽 표면은 얇은 유리처럼 파삭한 캐러멜 층이고, 속은 부드럽고 달콤한 바닐라 향의 크림으로 채워진 것이죠.

프랑스 영화 <아멜리에(Le fabuleux destin d'Amélie Poulain)>에서 주인공 아멜리에가 크렘브륄레를 스푼으로 톡톡 두드려 떠먹는 장면을 본 적 있으신가요? 이처럼 크렘브륄레를 제대로 즐기기 위해서는 먼저 딱딱한 캐러멜 층을 부순 후 속에 있는 부드러운 커스터드 크림과 함께 떠서 먹어야 합니다. 프랑스 레스토랑의 단골 디저트인 만큼 많은 사람들에게 사랑받는 크림브륄레는 조리법이 단순해서 가정에서도 쉽게 만들 수 있답니다. 직접 만들어 먹는 것이 부담스러운 분들은 파리 오데옹 역(Odéon)과 가까운 가정식 레스토랑 Le Procope에 방문해 보세요. 이곳은 1600년대에 처음 문을 연 곳으로, 역사가 깊은 레스토랑 겸 카페이자 크렘브륄레 맛집으로도 유명한 곳이에요!

Leçon 16

Il est le plus beau du monde.

그는 세상에서 가장 잘생겼습니다.

ÉTAPE 01 지난 시간 떠올리기

▶ 지난 시간 학습했던 내용들을 떠올려 볼까요?

지난 시간에는 비교급을 활용해서 '주어는 ~보다 더 ~하다/덜 ~하다'와 같은 우등 비교 표현과 열등 비교 표현을 만들어 보았습니다. 오늘은 더 나아가 최상급을 학습할 텐데요. 우리가 배운 비교급 문장 구조는 오늘 배울 최상급의 베이스가 되기 때문에 꼭 정확하게 알고 넘어가야 합니다. 비교급에서 형용사는 주어의 성과 수에 일치시켜야 한다는 점, 비교 대상은 문장의 끝에 쓴다는 점을 떠올리면서 함께 읽어 볼까요?

1 비교급

✔ Léo는 Louis보다 더 키가 크다.	➡ Léo est plus grand que Louis.
✔ Marie는 Julie보다 더 키가 크다.	➡ Marie est plus grande que Julie.
✔ Louis는 Léo보다 더 잘생겼다.	➡ Louis est plus beau que Léo.
✔ Julie는 Marie보다 더 아름답다.	➡ Julie est plus belle que Marie.
✔ Louis는 Léo보다 덜 키가 크다.	➡ Louis est moins grand que Léo.
✔ Julie는 Marie보다 덜 키가 크다.	➡ Julie est moins grande que Marie.
✔ Léo는 Louis보다 덜 잘생겼다.	➡ Léo est moins beau que Louis.
✔ Marie는 Julie보다 덜 아름답다.	➡ Marie est moins belle que Julie.

🔺오늘의 미션 학습이 끝나면 이 문장을 완벽하게 말할 수 있어요!

그는 세상에서 가장 잘생겼어.

✔ 숫자 41 quarante et un [까헝떼 앙]

1 **최상급 : (~에서) 가장 ~하다**

드디어 최상급을 배울 차례가 되었습니다! 최상급은 말 그대로 '가장 ~하다'라는 뜻을 지니기 때문에 비교 대상이 존재하지 않습니다. 하지만 비교 범위는 있을 수 있겠죠? '나는 세상에서 가장 잘생겼어'라고 한다면 '세상'이 비교 범위가 될 것이고, '그녀는 반에서 가장 키가 커'라고 한다면 '그녀가 속한 반'이 비교 범위가 될 거예요.

> **주어 + 동사 + 정관사 plus 형용사 (+ de 비교 범위)**

최상급의 공식은 위에 제시된 바와 같이 주어-동사'정관사 plus 형용사'입니다. 'plus 형용사'는 비교급 형태이므로 최상급은 비교급 앞에 정관사를 붙인 형태라고 생각하면 쉬워요. 이때 정관사와 형용사는 주어의 성과 수에 일치시켜야 하는데요. 만약 주어가 남성 단수라면 정관사 le를, 여성 단수라면 la를 써야겠죠? 또한 비교 범위를 언급하고 싶다면 문장의 끝에 'de 비교 범위'를 쓰면 되는데요. 이때 전치사 de와 명사 앞 정관사 간 축약에 꼭 주의를 기울여야 합니다. 그럼, 지금부터 최상급 표현을 함께 만들어 볼까요?

더 키가 큰	
plus grand	plus grande

가장 키가 큰	
le plus grand	la plus grande

🖋 나는 가장 키가 크다. → Je suis le plus grand.
Je suis la plus grande.

비교 범위 **de** + 비교 범위 : ~에서

반에서
de la classe
[들라 끌라쓰]

Tip 학급 la classe [라 끌라쓰] de la는 부드럽게 이어서 [들라]라고 발음합니다.

✔ 나는 반에서 가장 키가 크다. → Je suis le plus grand de la classe.
Je suis la plus grande de la classe.

가장 키가 작은	
le plus petit	la plus petite

✔ 그는 반에서 가장 키가 작다. → Il est le plus petit de la classe.

✔ 그녀는 반에서 가장 키가 작다. → Elle est la plus petite de la classe.

가장 잘생긴	가장 아름다운
le plus beau	la plus belle

✔ Louis는 반에서 가장 잘생겼다. → Louis est le plus beau de la classe.

✔ Julie는 반에서 가장 아름답다. → Julie est la plus belle de la classe.

비교 범위 de + 비교 범위 : ~에서

세상에서
du monde
[뒤 몽드]

Tip 세상 le monde [르 몽드] 전치사 de와 정관사 le가 만나면 du가 됩니다.

✔ 그는 세상에서 가장 잘생겼다. → Il est le plus beau du monde.

✔ 그녀는 세상에서 가장 아름답다. → Elle est la plus belle du monde.

주의 특수 비교급

최상급은 비교급 앞에 정관사만 붙이면 되었는데요. 이번에는 비교급일 때 형태가 달라지는 형용사를 알려드리겠습니다. 바로 '맛있는, 좋은'이라는 뜻의 형용사 bon/bonne입니다.

맛있는, 좋은	
bon	bonne

더 맛있는, 더 좋은	
meilleur	meilleure

Tip meilleur(e)는 [메이외흐]로 발음합니다. eu는 '오' 입 모양에 '에' 소리를 내면 된다는 거 아시죠? 발음이 어렵다면 먼저 음절로 나눠서 읽는 연습을 해 보세요! [메이/외흐]

✓ 이 커피는 더 맛있다. → Ce café est meilleur.

✓ 이 커피는 이 차보다 더 맛있다. → Ce café est meilleur que ce thé.

✓ 이 사과는 이 키위보다 더 맛있다. → Cette pomme est meilleure que ce kiwi.

가장 맛있는, 가장 좋은	
le meilleur	la meilleure

Tip 비교급 앞에 정관사를 붙이면 최상급이 됩니다.

✓ 가장 좋다. → C'est le meilleur.

✓ 이 커피는 세상에서 가장 맛있다. → Ce café est le meilleur du monde.

✓ 이 사과는 세상에서 가장 맛있다. → Cette pomme est la meilleure du monde.

A| Louis는 반에서 가장 잘생겼어. → Louis est le plus beau de la classe.

B| 아니야. 그는 세상에서 가장 잘생겼어. → Non. Il est le plus beau du monde.

그리고 그는 반에서 가장 키가 커. Et il est le plus grand de la classe.

A| 이 사과가 이 키위보다 더 맛있어. → Cette pomme est meilleure que ce kiwi.

B| 응, 그것(사과)은 → Oui, elle est la meilleure du monde.
세상에서 가장 맛있어.

미션 확인 오늘의 핵심 문장을 완벽하게 외워 봅시다.

그는 세상에서 가장 잘생겼어. → Il est le plus beau du monde.

1 **밑줄에 들어갈 알맞은 말을 써 보세요.**

1. (남) 가장 키가 작은 / (여) 가장 키가 큰 _____ / _____

2. (남) 가장 잘생긴 / (여) 가장 아름다운 _____ / _____

3. 반에서 / 세상에서 _____ / _____

2 **각 의문문에 알맞은 대답을 연결해 보세요.**

1. Louis est le plus beau du monde ?   •

2. Julie est la plus petite de la classe ?   •

3. Cette pomme est meilleure que ce kiwi ?   •

4. Ce café est le meilleur ?   •

• a. Oui, ce café est le meilleur du monde.

• b. Oui, Louis est le plus beau du monde.

• c. Non, ce kiwi est meilleur que cette pomme.

• d. Oui, Julie est la plus petite de la classe.

3 **해석을 참고하여 프랑스어로 작문해 보세요.**

1. 이 사과가 이 키위보다 더 맛있어.

_____

2. 응, 그것(사과)은 세상에서 가장 맛있어.

_____

3. Louis는 반에서 가장 잘생겼어.

_____

다음 질문에 대한 답을 써 보세요.

1. Louis est le plus grand de la classe ?

(긍정) _____

2. Cette pomme est la meilleure du monde ?

(긍정) _____

3. Elle est la plus petite de la classe ?

(긍정) _____

 주어진 형용사를 활용하여 문장을 만들어 보세요.

> mince [망쓰] adj. 날씬한 | gentil/gentille [졍띠/졍띠으] adj. 친절한

1. Marie는 반에서 가장 날씬하다. _____

2. Léo는 세상에서 가장 친절하다. _____

3. Julie는 반에서 가장 친절하다. _____

정답

1 1. le plus petit / la plus grande 2. le plus beau / la plus belle 3. de la classe / du monde

2 1. b 2. d 3. c 4. a

3 1. Cette pomme est meilleure que ce kiwi. 2. Oui, elle est la meilleure du monde. 3. Louis est le plus beau de la classe.

4 1. Oui, Louis/il est le plus grand de la classe. 2. Oui, cette pomme/elle est la meilleure du monde. 3. Oui, elle est la plus petite de la classe.

5 1. Marie est la plus mince de la classe. 2. Léo est le plus gentil du monde. 3. Julie est la plus gentille de la classe.

표현 더하기

▶ 오늘 배운 내용과 관련된 다양한 표현을 익혀 봐요!

라따뚜이
ratatouille [하따뚜이으]

파리를 배경으로 귀여운 생쥐 셰프가 요리를 하는 유명한 애니메이션을 아시나요? 영화 속 생쥐가 만들던 요리가 바로 '라따뚜이'입니다. 가지, 토마토, 호박 등 여러 가지 채소를 주재료로 하는 라따뚜이는 프랑스의 대표 가정식인데요. 채소가 주재료인 만큼 몸에도 좋고, 맛도 아주 좋답니다. 프랑스 가정식을 접해 보고 싶다면 라따뚜이부터 시작해 보는 건 어떨까요?

♥ 클라라 선생님의 꿀팁

다양한 비교 범위를 배워 볼까요?

이번 과에서는 '주어는 가장 ~하다'라는 최상급 표현과 더불어 '반에서, 세상에서'와 같은 비교 범위를 활용하여 문장을 만들었습니다. 더 풍부한 표현을 위해 다양한 비교 범위를 알고 있는 것도 좋겠죠? 그래서 '동네에서, 도시에서, 학교에서, 가족 중에서'와 같이 최상급 표현에 활용할 수 있는 비교 범위 몇 가지를 알려드리려고 합니다. 잘 기억해 두었다가 꼭 사용해 보세요.

- quartier [꺄흐띠에] **n.m.** 동네   du quartier [뒤 꺄흐띠에] 동네에서
- ville [빌] **n.f.** 도시   de la ville [들라 빌] 도시에서
- école [에꼴] **n.f.** 학교   de l'école [들레꼴] 학교에서
- famille [파미으] **n.f.** 가족   de la famille [들라 파미으] 가족에서(가족 중에서)

문화 탐방

알록달록 채소가 가득한 '라따뚜이'

음식 문화

혹시 구운 채소의 부드러운 식감을 좋아하세요? 이번에 알려드릴 음식은 채색을 즐기는 분들께 아주 적합한 요리인 라따뚜이(ratatouille [하따뚜이으])인데요. 우리나라에서 2007년도에 개봉한 애니메이션과 동명인 이 음식은 애니메이션 속 주인공 생쥐 셰프가 뚝딱뚝딱 만들어내는 '바로 그 요리'이기도 해요.

라따뚜이는 육류를 전혀 사용하지 않고 가지, 토마토, 호박, 피망과 같은 채소를 한데 넣고 올리브오일에 익혀 낸 채소 스튜입니다. 채소를 사랑하는 분들께 안성맞춤이겠죠? 꼭 그렇지 않더라도 이 음식은 메인 요리의 사이드 디시로 곁들여지거나 가벼운 전채 요리로 먹는 등 차갑게 또는 따뜻하게 즐길 수 있어요. 그래서 많은 사람들의 사랑을 독차지하는, 프랑스를 대표하는 가정식이랍니다.

그렇다면 '라따뚜이'라는 명칭은 어떻게 만들어진 것일까요?

ratatouille는 '음식이나 반죽 따위를 가볍게 휘젓다'라는 뜻의 프랑스어 동사 'touiller'에서 비롯된 말로, 각종 채소를 섞어 만드는 라따뚜이의 조리법을 묘사한 이름이랍니다. 영화 속에서는 용기 안에 얇게 자른 채소들을 아코디언 모양으로 둥글게 둘러서 오븐에 구워 냈지만, 사실 원조 레시피는 그 명칭대로 각종 야채를 한데 넣고 휘휘 저으며 볶은 후에 냄비에 넣고 끓이는 과정이 필수랍니다.

각종 영양소가 가득하면서도 저칼로리 음식인 라따뚜이는 다이어트 메뉴로도 아주 적합한데요. 기름진 음식보다 깔끔한 건강식을 찾으신다면 이 음식을 추천합니다.

Partie 06
나는 밥을 먹습니다.

학습 목표 '나는 ~을 먹는다' / '나는 ~을 마신다' / '그것을 먹는다, 마신다' /
'나는 ~을 탄다' 말하기

Je mange du riz.

Leçon
17

Je mange du riz.
나는 밥을 먹습니다.

학습 | 목표
- MANGER(먹다) 동사의 단수·복수 인칭 변형 학습하기
- 부분관사를 활용하여 정해지지 않는 양 나타내기

학습 | 단어
riz [히] n.m. 밥 | **pain** [빵] n.m. 빵 | **viande** [비엉드] n.f. 고기 | **salade niçoise** [쌀라드 니쑤아즈] n.f. 니스식 샐러드

ÉTAPE 01 지난 시간 떠올리기

▶ 지난 시간 학습했던 내용들을 떠올려 볼까요?

지난 시간에 배웠던 최상급 표현들을 기억하시나요? 주어-동사 '정관사 plus 형용사' (de 비교 범위)의 순서로 문장을 만들었죠? 그리고 이때 쓰이는 정관사와 형용사는 모두 주어의 성과 수에 일치시켰습니다. '좋은, 맛있는'이라는 뜻의 형용사 bon/bonne의 경우, 특수한 비교급 형태를 갖는다는 것도 기억해 주세요! 머릿속에 찬찬히 떠올리면서 함께 복습해 볼까요?

 최상급

✔ 나는 반에서 가장 키가 크다.	→ Je suis le plus grand de la classe. Je suis la plus grande de la classe.
✔ 그는 세상에서 가장 잘생겼다.	→ Il est le plus beau du monde.
✔ 그녀는 세상에서 가장 아름답다.	→ Elle est la plus belle du monde.
✔ 이 커피는 세상에서 가장 맛있다.	→ Ce café est le meilleur du monde.
✔ 이 사과는 세상에서 가장 맛있다.	→ Cette pomme est la meilleure du monde.

▲ 오늘의 미션   학습이 끝나면 이 문장을 완벽하게 말할 수 있어요!

A: 너는 무엇을 먹니?

B: 나는 밥을 먹어.

✔ 숫자 42 quarante-deux [꺄헝뜨 되]

ÉTAPE 02 오늘의 학습

▶ 오늘 배울 내용들을 살펴보고, 머릿속에 차곡차곡 담아 볼까요?

 먹다 manger [멍제] (단수 인칭 변형)

오늘은 영어의 to eat과 동일한 뜻의 manger 동사를 배워 보겠습니다. 동사 뒤에 다양한 음식 명사를 덧붙여 '~을 먹다'와 같은 표현들도 만들어 볼 텐데요. 동사 원형의 어미가 -er로 끝나므로 1군 규칙 동사라는 걸 유추할 수 있어요. 1군 동사 단수 인칭에 따른 어미 변형 -e, -es, -e를 떠올리면서 함께 동사 변형을 살펴봅시다.

주어는	먹는다
Je	mange [멍쥬]
Tu	manges [멍쥬]
Il	mange [멍쥬]
Elle	

> ✔ **확인 체크**   manger 동사의 현재 시제 단수 인칭 변형을 떠올리면서 써 봅시다.

주어는	먹는다
Je	✎
Tu	✎
Il	✎
Elle	✎

 부분관사 de

manger 동사의 단수 인칭 변형을 배웠으니 이제 음식 명사를 배울 차례입니다. manger 동사 뒤에 명사가 올 때는 명사의 앞에 주로 부분관사를 붙여 주는데요. 부분관사는 정해지지 않은 양을 나타낼 때, 즉 물이나 공기같이 셀 수 없는 것을 나타낼 때 쓰이며 '약간의 ~'라는 뜻을 가집니다. 지금부터 함께 부분관사 단수 형태를 배워 볼까요?

부분관사의 특징

- 뜻: 약간의 ~
- 정해지지 않은 양을 나타낼 때 사용

남성 단수	여성 단수
du	de la
[뒤]	[들라]

Tip 부분관사는 '전치사 de+정관사'와 형태가 동일하지만 의미는 다릅니다.

1) 부분관사 + 단수 명사

부분관사의 남성 단수 형태는 du라는 것, 완벽하게 이해하셨죠? 그럼 본격적으로 음식 명사를 배워 봅시다. 먼저, 한국인들의 식탁에서 절대 빼놓을 수 없는 '밥'과, 프랑스인들의 주식인 '빵'을 공부해 보도록 해요.

밥	빵
le riz	le pain
[르 히]	[르 빵]

(약간의) 밥	(약간의) 빵
du riz	du pain
[뒤 히]	[뒤 빵]

- 나는 밥을 먹는다. → Je mange du riz.
- 너는 밥을 먹는다. → Tu manges du riz.
- 그는 빵을 먹는다. → Il mange du pain.
- 그녀는 빵을 먹는다. → Elle mange du pain.

3 먹다 manger [멍제] (복수 인칭 변형)

이번에는 manger 동사의 복수 인칭 변형을 배워 봅시다. 1군 동사 복수 인칭 변형의 어미 형태는 -ons, -ez, -ent였죠? 하지만 -ger로 끝나는 1군 동사의 경우, nous일 때 예외적으로 -ons 앞에 e를 붙여 주어야 합니다.

주어는	먹는다
Nous	mangeons [멍종]
Vous	mangez [멍제]
Ils	mangent [멍쥬]
Elles	

✔ **확인 체크**   manger 동사의 현재 시제 복수 인칭 변형을 떠올리면서 써 봅시다.

주어는		먹는다
Nous	◆	
Vous	◆	
Ils	◆	
Elles	◆	

---

4 부분관사 + 단수 명사

이번에는 여성 명사를 알려드릴게요. 부분관사의 여성 단수 형태는 de la임을 머릿속에 떠올리면서 함께 읽어 봅시다.

고기	샐러드
la viande	la salade
[라 비엉드]	[라 쌀라드]

(약간의) 고기	(약간의) 샐러드
de la viande	de la salade
[들라 비엉드]	[들라 쌀라드]

✔ 우리는 고기를 먹는다.	➡ Nous mangeons de la viande.
✔ 너희는/당신은 고기를 먹는다.	➡ Vous mangez de la viande.
✔ 그들은 샐러드를 먹는다.	➡ Ils mangent de la salade.
✔ 그녀들은 샐러드를 먹는다.	➡ Elles mangent de la salade.

 ⑤ 부정문 ne pas manger

주어는	먹지 않는다
Je	ne mange pas [느 멍쥬 빠]
Tu	ne manges pas [느 멍쥬 빠]
Il	ne mange pas [느 멍쥬 빠]
Elle	

1) 부정의 de

avoir 동사가 쓰인 문장의 부정문에서 부정관사는 부정의 de로 변한다는 것, 모두 기억하고 있나요? 오늘 우리가 배운 부분관사도 부정문일 때 de로 변한답니다! 부분관사의 남성 단수 du, 여성 단수 de la, 복수 형태인 des까지 부정문에서는 모두 de로 써 준다는 점 꼭 암기해 주세요!

> - 부분관사는 부정문에서 부정의 **de**로 변화
> - du, de la, des ▶ de

✔ 나는 밥을 먹지 않는다.	➡ Je ne mange pas de riz.
✔ 너는 밥을 먹지 않는다.	➡ Tu ne manges pas de riz.
✔ 그는 빵을 먹지 않는다.	➡ Il ne mange pas de pain.
✔ 그녀는 빵을 먹지 않는다.	➡ Elle ne mange pas de pain.

주어는	먹지 않는다
Nous	ne mangeons pas [느 멍종 빠]
Vous	ne mangez pas [느 멍제 빠]
Ils	ne mangent pas [느 멍쥬 빠]
Elles	

✔ 우리는 고기를 먹지 않는다. → Nous ne mangeons pas de viande.

✔ 너희는/당신은 고기를 먹지 않는다. → Vous ne mangez pas de viande.

✔ 그들은 샐러드를 먹지 않는다. → Ils ne mangent pas de salade.

✔ 그녀들은 샐러드를 먹지 않는다. → Elles ne mangent pas de salade.

✔ 너는 무엇을 먹니? → Qu'est-ce que tu manges ?

Tip est-ce que tu manges 앞에 '무엇'에 해당하는 의문사 que를 붙이면 '너는 무엇을 먹니?'라는 뜻의 의문문이 완성됩니다.

ÉTAPE 03 대화로 말해 보기

▶ 오늘 배운 문장들을 활용하여 대화를 나눠 봐요!

A | 너는 무엇을 먹니? → Qu'est-ce que tu manges ?

B | 나는 밥을 먹어. → Je mange du riz.

너희는 샐러드를 먹니? Est-ce que vous mangez de la salade ?

A | 아니, 우리는 샐러드를 먹지 않아. → Non, nous ne mangeons pas de salade.

미션 확인 오늘의 핵심 문장을 완벽하게 외워 봅시다.

A: 너는 무엇을 먹니? → Qu'est-ce que tu manges ?

B: 나는 밥을 먹어. → Je mange du riz.

1 밑줄에 들어갈 알맞은 말을 부분관사와 함께 써 보세요.

1. 약간의 밥

2. 약간의 빵

3. 약간의 고기

4. 약간의 샐러드

2 각 의문문에 알맞은 대답을 연결해 보세요.

1. Est-ce qu'il mange de la viande ?　　•

2. Qu'est-ce que vous mangez ? (너희)　　•

3. Qu'est-ce que tu manges ?　　•

4. Est-ce qu'elles mangent du pain ?　　•

• a. Nous mangeons du riz.

• b. Oui, elles mangent du pain.

• c. Je mange de la salade.

• d. Non, il ne mange pas de viande.

3 주어진 낱말들로 문장을 만드세요.

1. 너는 샐러드를 먹니? (la / est-ce que / de / tu / salade / manges)

2. 당신은 밥을 먹습니까? (vous / du / mangez / riz / est-ce que)

3. 그들은 고기를 먹지 않는다. (pas / ne / ils / viande / mangent / de)

_____

4 해석을 참고하여 프랑스어로 작문해 보세요.

1. 당신은 무엇을 먹습니까?

_____

2. 나는 샐러드를 먹어요.

_____

3. 너는 밥을 먹니?

_____

4. 아니, 나는 밥을 먹지 않아.

_____

5 다음 질문에 대한 대답을 써 보세요.

1. Est-ce que vous mangez du pain ? (너희)

(부정) _____

2. Est-ce qu'elle mange de la viande ?

(부정) _____

3. Est-ce qu'ils mangent de la salade ?

(부정) _____

주어진 명사를 활용하여 문장을 만들어 보세요.

> poisson [뿌아쏭] n.m. 생선 | jambon [졍봉] n.m. 햄

1. 나는 생선을 먹는다.

2. 우리는 햄을 먹지 않는다. (Nous)

3. 그녀는 생선을 먹니?

 다음 중 알맞은 문장을 골라 체크해 보세요.

1. 너희는 햄을 먹니?
(a. Est-ce que vous mangez du jambon ? / b. Est-ce que tu manges du jambon ?)

2. 그는 생선을 먹는다.
(a. Il mange du poisson. / b. Ils ne mange pas de poisson.)

3. 우리는 빵을 먹지 않는다.
(a. Nous mangeons du pain. / b. Nous ne mangeons pas de pain.)

4. 그녀들은 고기를 먹는다.
(a. Elles mangent du jambon. / b. Elles mangent de la viande.)

정답

1 1. du riz 2. du pain 3. de la viande 4. de la salade

2 1. d 2. a 3. c 4. b

3 1. Est-ce que tu manges de la salade ? 2. Est-ce que vous mangez du riz ? 3. Ils ne mangent pas de viande.

4 1. Qu'est-ce que vous mangez ? 2. Je mange de la salade. 3. Est-ce que tu manges du riz ? 4. Non, je ne mange pas de riz.

5 1. Non, nous ne mangeons pas de pain. 2. Non, elle ne mange pas de viande. 3. Non, ils ne mangent pas de salade.

6 1. Je mange du poisson. 2. Nous ne mangeons pas de jambon. 3. Est-ce qu'elle mange du poisson ?

7 1. a 2. a 3. b 4. b

표현 더하기

ÉTAPE 05

▶ 오늘 배운 내용과 관련된 다양한 표현을 익혀 봐요!

니스식 샐러드
salade niçoise [쌀라드 니쑤아즈]

니스식 샐러드는 프랑스 남부 도시인 니스에서 유래한 것으로, 주재료는 각종 채소와 삶은 달걀, 엔초비, 그리고 참치입니다. 그리고 마무리로 시큼한 식초 베이스의 소스가 곁들여지는데요. 평소 샐러드를 즐겨 드시는 분들이나 발사믹 소스를 좋아하는 분들의 입에 잘 맞는 음식이랍니다. 가벼운 음식을 좋아하는 분들께 적극 추천합니다!

❗클라라 선생님의 꿀팁

manger 동사의 1인칭 복수 형태가 궁금해요!

manger 동사의 원형은 어미가 **-er**로 끝나는 1군 규칙 동사입니다. 그렇기 때문에 인칭에 따른 동사 변형의 어미도 다른 1군 동사들과 동일하게 **-e, -es, -e, -ons, -ez, -ent**가 되어야 하죠. 하지만 오늘 배운 manger 동사의 변형에서는 1인칭 복수 **nous**일 때, 종결어미인 **-ons**의 앞에 e를 덧붙였습니다. 이유가 무엇일까요?

그 이유는 바로 발음 때문입니다. **-ger**로 끝나는 동사들은 예외적으로 **nous** 인칭 변형에서 **ons** 앞에 **e**를 붙여 주는데요. 알파벳 **g**는 모음 **a, o, u**가 오면 ㄱ으로 발음되기 때문에 만약 **e**를 붙이지 않는다면 **mang-ons** [멍공]하고 **manger** 동사의 다른 인칭 변형의 발음들과는 사뭇 다른 소리가 나게 되겠죠. **-ger**로 끝나는 1군 규칙 동사는 **nous**일 때, 발음상의 이유로 **ons**앞에 **e**를 붙인다는 것을 기억해 꼭 주세요!

France

문화 탐방 가볍게 즐길 수 있는 '니스식 샐러드'

음식 문화

오늘은 프랑스인들이 즐겨 먹는 샐러드의 한 종류인 니스식 샐러드(salade niçoise [쌀라드 니쑤아즈])를 소개하려고 합니다. 니스식 샐러드는 휴양지로 잘 알려진 해안 도시 니스에서 유래한 샐러드인데요. 우리나라로 치면 '부산식 샐러드' 정도가 되겠죠? 하지만 명칭이 니스식 샐러드라고 해서 이 샐러드를 꼭 니스에서만 맛볼 수 있는 것은 아니에요. 파리뿐만 아니라 프랑스 전역에서 즐길 수 있을 정도로 아주 유명한 샐러드랍니다. 만약 프랑스 레스토랑에서 식사를 하게 된다면 메뉴판에서 샐러드 메뉴를 유심히 살펴보세요. 여러 가지 샐러드 사이에서 salade niçoise를 발견할 수 있을 겁니다.

그럼 니스식 샐러드의 주재료를 살펴볼까요?

사실 니스식 샐러드의 재료는 매우 다양하지만, 기본적으로 토마토와 올리브, 삶은 달걀, 참치 그리고 엔초비가 사용되는데요. 그 이외에도 취향에 따라서 감자나 그린 빈이 샐러드에 추가되기도 한답니다. 그리고 그 위에는 식초 베이스의 비네그레트소스가 곁들여지는데요. 이 소스는 새콤하고 가벼워 해산물 요리나 샐러드를 먹을 때 대표적으로 손꼽히는 소스랍니다.

샐러드는 채소가 주재료이기 때문에 다른 메인 요리에 비해 가볍게 느껴져 사이드 디시 정도로만 생각할 수도 있을 거예요. 하지만 재료가 매우 다양하고 양이 충분해서 한 끼 식사로도 전혀 손색없는 음식이 바로 이 니스식 샐러드랍니다. 실제로 프랑스에는 니스식 샐러드뿐 아니라 한 끼 식사를 대체할 수 있는 샐러드가 많으니 한번 시도해 보세요.

Leçon
18

Je bois du lait.
나는 우유를 마십니다.

학습 목표	· BOIRE(마시다) 동사의 단수·복수 인칭 변형 학습하기
	· 부분관사 활용하여 정해지지 않는 양을 나타내기

학습 단어	**lait** [레] n.m. 우유 | **jus d'orange** [쥐 도헝쥬] n.m. 오렌지주스 | **eau** [오] n.f. 물 |
	souvent [수벙] adv. 자주 | **cidre** [씨드흐] n.m. 사과주

01 지난 시간 떠올리기

▶ 지난 시간 학습했던 내용들을 떠올려 볼까요?

① 먹다 manger [멍제]

지난 시간에는 1군 동사인 manger 동사의 단수 복수 인칭 변형과 음식 명사를 학습했습니다. manger 동사와 같이 -ger로 끝나는 1군 동사의 경우, nous 인칭 어미 변형 시 -ons 앞에 e를 넣어 준다고 배웠는데요. manger 동사 뒤에 음식 명사가 올 때는 주로 부분관사를 사용한다는 것도 모두 기억하고 있겠죠? 부분관사 남성 단수형과 여성 단수형에 주의하면서 지난 시간 학습한 내용들을 떠올려 봅시다.

주어는	먹는다
Je	mange [멍쥬]
Tu	manges [멍쥬]
Il	mange [멍쥬]
Elle	
Nous	mangeons [멍종]
Vous	mangez [멍제]
Ils	mangent [멍쥬]
Elles	

② 부분관사 de + 단수 명사

(약간의) 밥	(약간의) 빵
du riz	du pain
[뒤 히]	[뒤 빵]

(약간의) 고기	(약간의) 샐러드
de la viande	de la salade
[들라 비엉드]	[들라 쌀라드]

🏔️오늘의 미션 학습이 끝나면 이 문장을 완벽하게 말할 수 있어요!

A: 너는 무엇을 마시니?

B: 나는 우유를 마셔.

🐰 숫자 43 quarante-trois [까헝뜨 트후아]

음식을 먹을 때 마실 것이 빠지면 섭섭하죠! 지난 시간에 manger 동사를 배웠다면 이번 시간에는 '마시다'라는 뜻의 boire 동사를 배워 보겠습니다. boire 동사는 3군 불규칙 동사이므로 주어 인칭에 따른 동사 변형에 더욱 신경 쓰면서 정확하게 외워 주는 것이 매우 중요합니다. 그럼 지금부터 함께 공부해 볼까요?

1 마시다 boire [부아흐] (단수 인칭 변형)

주어는	마신다
Je	bois [부아]
Tu	bois [부아]
Il	boit [부아]
Elle	

✔ 확인 체크 boire 동사의 현재 시제 단수 인칭 변형을 떠올리면서 써 봅시다.

주어는	마신다
Je	◆
Tu	◆
Il	◆
Elle	◆

2 부분관사 de + 단수 명사

부분관사는 셀 수 없는 양을 나타낼 때 사용하는 관사입니다. 음료는 양을 정확하게 셀 수 없는 불가산 명사에 해당하죠. manger 동사와 마찬가지로 boire 동사 뒤에 음료 명사가 올 때에는 부분관사를 사용합니다. 먼저 남성형 명사부터 학습해 볼까요?

우유	오렌지주스
le lait	le jus d'orange
[르 레]	[르 쥐 도헝쥬]

(약간의) 우유	(약간의) 오렌지주스
du lait [뒤 레]	du jus d'orange [뒤 쥐 도헝쥬]

✔ 나는 우유를 마신다.   → Je bois du lait.

✔ 너는 우유를 마신다.   → Tu bois du lait.

✔ 그는 오렌지주스를 마신다.   → Il boit du jus d'orange.

✔ 그녀는 오렌지주스를 마신다.   → Elle boit du jus d'orange.

③ 마시다 boire [부아흐] (복수 인칭 변형)

이번에는 boire 동사의 복수 인칭 변형을 학습해 보도록 해요. 앞서 배운 boire 동사의 단수 인칭 변형과는 상당히 다른 형태를 띠므로 주의가 필요합니다!

주어는	마신다
Nous	buvons [뷔봉]
Vous	buvez [뷔베]
Ils	boivent [부아브]
Elles	

 확인 체크   boire 동사의 현재 시제 복수 인칭 변형을 떠올리면서 써 봅시다.

주어는	마신다
Nous	✎
Vous	✎
Ils	✎
Elles	✎

부분관사 de + 단수 명사

이번에는 여성 명사를 학습해 보겠습니다. '맥주'와 '물'은 여성 명사에 해당하는데요. 함께 큰 소리로 읽어 볼까요?

맥주	물
la bière	l'eau
[라 비에흐]	[로]

> **Tip** eau(물)는 모음으로 시작하는 명사이므로 정관사와 명사 간 축약이 일어납니다.

(약간의) 맥주	(약간의) 물
de la bière	de l'eau
[들라 비에흐]	[들로]

🥤 우리는 맥주를 마신다.   ➡ Nous buvons de la bière.

🥤 너희는/당신은 맥주를 마신다.   ➡ Vous buvez de la bière.

🥤 그들은 물을 마신다.   ➡ Ils boivent de l'eau.

🥤 그녀들은 물을 마신다.   ➡ Elles boivent de l'eau.

 부정문 ne pas boire

동사의 앞뒤로 ne pas를 붙여서 부정문을 만들어 봅시다.

주어는	마시지 않는다
Je	ne bois pas [느 부아 빠]
Tu	ne bois pas [느 부아 빠]
Il	ne boit pas [느 부아 빠]
Elle	

1) 부정의 de

manger 동사를 활용한 부정문에서도 부분 관사가 de로 변했었죠? boire 동사를 활용한 부정문에서도 마찬가지입니다. 부정문에서는 du, de la, des에 해당하는 부분관사를 부정의 de로 바꿔 주세요.

부정의 de 특징

- 부분관사는 부정문에서 부정의 de로 변화
- du, de la, des ▶ de
- ex: du lait ▶ de lait

Tip des는 부분관사의 복수 형태입니다.

나는 우유를 마시지 않는다.	➡ Je ne bois pas de lait.
너는 우유를 마시지 않는다.	➡ Tu ne bois pas de lait.
그는 오렌지주스를 마시지 않는다.	➡ Il ne boit pas de jus d'orange.
그녀는 오렌지주스를 마시지 않는다.	➡ Elle ne boit pas de jus d'orange.

주어는	마시지 않는다
Nous	ne buvons pas [느 뷔봉 빠]
Vous	ne buvez pas [느 뷔베 빠]
Ils	ne boivent pas [느 부아브 빠]
Elles	

우리는 맥주를 마시지 않는다.	➡ Nous ne buvons pas de bière.
너희는/당신은 맥주를 마시지 않는다.	➡ Vous ne buvez pas de bière.
그들은 물을 마시지 않는다.	➡ Ils ne boivent pas d'eau.
그녀들은 물을 마시지 않는다.	➡ Elles ne boivent pas d'eau.

Tip 부정의 de와 eau가 만나면 축약이 일어나 d'eau가 됩니다.

| 너는 무엇을 마시니? | ➡ Qu'est-ce que tu bois ? |

Tip est-ce que tu bois 앞에 '무엇'에 해당하는 의문사 que를 붙이면 '너는 무엇을 마시니?'라는 뜻의 의문문이 됩니다.

대화로 말해 보기

▶ 오늘 배운 문장들을 활용하여 대화를 나눠 봐요!

A | 너는 무엇을 마시니? → Qu'est-ce que tu bois ?

B | 나는 우유를 마셔. → Je bois du lait.

A | 그들은 물을 자주 마시니? → Est-ce qu'ils boivent **souvent**
[수벙]
de l'eau ?

B | 아니, 그들은 물을 마시지 않아. → Non, ils ne boivent pas d'eau.

미션 확인 오늘의 핵심 문장을 완벽하게 외워 봅시다.

A: 너는 무엇을 마시니? → Qu'est-ce que tu bois ?

B: 나는 우유를 마셔. → Je bois du lait.

ÉTAPE 04 연습 문제

▶ 문제를 풀어 보면서 공부한 내용들을 완전히 내 것으로 만들어 봐요!

1 밑줄에 들어갈 알맞은 말을 부분관사와 함께 써 보세요.

1. 약간의 우유

2. 약간의 오렌지주스

3. 약간의 맥주

4. 약간의 물

2 각 의문문에 알맞은 대답을 연결해 보세요.

1. Qu'est-ce que tu
   bois ?

2. Est-ce que vous buvez
   souvent de l'eau ?

3. Qu'est-ce qu'elle
   boit ?

4. Est-ce qu'ils boivent
   du jus d'orange ?

- a. Je bois du lait.

- b. Oui, nous buvons
  souvent de l'eau.

- c. Non, ils ne boivent
  pas de jus d'orange.

- d. Elle boit de la bière.

3 주어진 낱말들로 문장을 만드세요.

1. 그녀는 오렌지주스를 마시지 않는다. (jus / elle / de / ne / d'orange / boit / pas)

2. 우리는 물을 자주 마신다. (buvons / de / souvent / nous / l'eau)

3. 당신은 맥주를 마십니까? (la / vous / est-ce que / bière / buvez / de)

_____

4 **해석을 참고하여 프랑스어로 작문해 보세요.**

1. 너는 무엇을 마시니?

_____

2. 나는 물을 마셔.

_____

3. 그녀들은 오렌지주스를 자주 마시니?

_____

4. 아니, 그녀들은 오렌지주스를 마시지 않아.

_____

5 **다음 질문에 대한 대답을 써 보세요.**

1. Est-ce qu'elle boit de la bière ?

(부정) _____

2. Est-ce que tu bois souvent de l'eau ?

(부정) _____

3. Est-ce qu'ils boivent du jus d'orange ?

(긍정) _____

6 주어진 명사를 활용하여 문장을 만들어 보세요.

> café au lait [꺄페 올레] n.m. 카페라테

1. 너는 카페라테를 자주 마신다.

2. 우리는 카페라테를 마시지 않는다. (Nous)

3. 그녀는 카페라테를 자주 마시니?

7 다음 중 알맞은 문장을 골라 체크해 보세요.

1. 너희는 맥주를 마시지 않는다.
   (a. Tu ne bois pas de bière. / b. Vous ne buvez pas de bière.)

2. 그녀는 카페라테를 자주 마신다.
   (a. Elle boit souvent du café au lait. / b. Elle boit du café au lait.)

3. 우리는 맥주를 마신다.
   (a. Nous buvons de l'eau. / b. Nous buvons de la bière.)

4. 너는 오렌지주스를 마시니?
   (a. Est-ce que vous buveuz du jus d'orange ? /
     b. Est-ce que tu bois du jus d'orange ?)

정답

1 1. du lait 2. du jus d'orange 3. de la bière 4. de l'eau

2 1. a 2. b 3. d 4. c

3 1. Elle ne boit pas de jus d'orange. 2. Nous buvons souvent de l'eau. 3. Est-ce que vous buvez de la bière ?

4 1. Qu'est-ce que tu bois ? 2. Je bois de l'eau. 3. Est-ce qu'elles boivent souvent du jus d'orange ? 4. Non, elles ne boivent pas de jus d'orange.

5 1. Non, elle ne boit pas de bière. 2. Non, je ne bois pas d'eau. 3. Oui, ils boivent du jus d'orange.

6 1. Tu bois souvent du café au lait. 2. Nous ne buvons pas de café au lait. 3. Est-ce qu'elle boit souvent du café au lait ?

7 1. b 2. a 3. b 4. b

사과주
cidre [씨드흐]

새콤달콤한 맛이 포인트인 사과주는 사과를 숙성시켜 만든 주류로, 화이트와인처럼 노란빛을 띤답니다. 처음 제가 사과주를 봤을 때에는 색만 보고 사과주스로 착각을 해서 꿀꺽꿀꺽 마시다가 금방 취해 버렸던 기억이 납니다. 달짝지근하다고 너무 많이 드시면 여러분도 금세 취할 수 있으니 조심하셔야 해요!

❗클라라 선생님의 꿀팁

여러 가지 주스를 알려드릴게요!

오늘 학습한 단어 중에 '오렌지주스 jus d'orange'가 있었죠? '주스, 즙'을 프랑스어로는 jus [쥐]라고 하는데요. jus 뒤에 '전치사 de+과일(채소) 명사'를 쓰면 과일주스(채소주스)라는 뜻이 된답니다. 바로 오늘 배운 오렌지주스처럼 말이죠. 여러 가지 과일과 채소 명사를 활용하여 다양한 종류의 주스 표현을 함께 만들어 볼까요?

- pomme [뽐므] n.f. 사과 ▶ jus de pomme [쥐 드 뽐므] n.m. 사과주스

- raisin [헤장] n.m. 포도 ▶ jus de raisin [주 드 헤장] n.m. 포도주스

- tomate [또맛뜨] n.f. 토마토 ▶ jus de tomate [쥐 드 또맛뜨] n.m. 토마토주스

- carotte [까훗뜨] n.f. 당근 ▶ jus de carotte [쥐 드 까훗뜨] n.m. 당근주스

문화 탐방

사과주스? 사과주!

음료 문화

잔에 따라 놓은 색을 보면 알코올 음료인지, 아니면 그냥 사과주스인지 쉽게 구분이 가지 않는 사과주는, 그 특유의 새콤달콤함과 청량감으로 프랑스인들에게 많은 사랑을 받는 주류랍니다. 이미 고대부터 제조된 것으로 알려진 사과주는 오늘날 프랑스 전국 각지에서 생산되기 전, 사과 재배에 딱 알맞은 기후를 가지고 있는 노르망디(Normandie)와 브르타뉴(Bretagne) 지방에서 12세기경부터 활발하게 생산되기 시작했습니다.

발효의 정도에 따라 사과주의 알코올 농도는 최소 2%에서 8%까지 측정되며, 음료를 제조하기 위해 재배되는 사과의 품종에 따라 그 즙의 맛이 달라지는데요. 먼저 단 사과(pomme douce)는 당도가 높으며 비교적 높은 알코올 농도의 사과주를 만들 때 사용된답니다. 신 사과(pomme acide)의 경우, 보다 청량하고 상큼한 맛의 사과주를 만들 수 있죠. 마지막으로 쓴 사과(pomme amère)는 항산화 물질인 폴리페놀 함유량이 높아 사과주에 씁쓸한 맛을 더해 준답니다.

사과의 종류와 발효 정도에 따라 다양한 풍미를 느낄 수 있는 사과주는 돼지고기, 닭고기, 토끼고기, 생선 요리 등, 다양한 요리들과 잘 어울리는 친밀한 맛으로, 식사 곁들임 주(酒)로 자주 등장하거나 소스 재료로 쓰이기도 해요.

특색 있는 사과주 양조장을 방문하며 아름다운 노르망디 지역의 풍경을 만끽하고 싶은 분들께는 '사과주의 길(La route du Cidre[라 후뜨 뒤 씨드흐])'을 따라 여행 해 보시는 것도 추천드립니다. 한적한 시골길을 따라 걷다 보면 사과 향이 가득한 과수원과 양조장은 물론이고 아기자기한 집들과 풀 내음 가득한 자연을 덤으로 만나 볼 수 있을 거예요.

Leçon
19

J'en prends.
나는 그것을 먹습니다.

ÉTAPE 01 지난 시간 떠올리기

▶ 지난 시간 학습했던 내용들을 떠올려 볼까요?

지난 시간에는 영어의 to drink에 해당하는 boire 동사를 학습했습니다. manger 동사와 마찬가지로 boire 동사 뒤에 명사가 올 때에는 부분관사를 사용했는데요. 부정문에서는 부분관사가 de로 변한다는 것도 모두 기억하고 있겠죠? 다음 강의로 넘어가기 전에 지난 시간에 배웠던 내용들을 다시 한번 곱씹어 봅시다.

 마시다 boire [부아흐]

주어는	마신다
Je	bois [부아]
Tu	bois [부아]
Il	boit [부아]
Elle	
Nous	buvons [뷔봉]
Vous	buvez [뷔베]
Ils	boivent [부아브]
Elles	

 부분관사 de + 단수 명사

(약간의) 우유	(약간의) 오렌지주스
du lait	du jus d'orange
[뒤 레]	[뒤 쥐 도헝쥬]

(약간의) 맥주	(약간의) 물
de la bière	de l'eau
[들라 비에흐]	[들로]

🔺오늘의 미션 학습이 끝나면 이 문장을 완벽하게 말할 수 있어요!

A: 너는 치즈를 먹니?

B: 응, 나는 그것을 먹어.

> ✌ 숫자 **44 quarante-quatre** [까헝뜨 꺄트흐]

▶ 오늘 배울 내용들을 살펴보고, 머릿속에 차곡차곡 담아 볼까요?

오늘은 조금 특별한 동사를 알려드리려고 합니다. 그 주인공은 바로 '먹다, 마시다'의 두 가지 의미가 모두 가능한 prendre 동사인데요. prendre 동사는 3군 불규칙 동사이기 때문에 인칭에 따른 동사 변형이 다소 까다롭게 느껴질 수도 있어요. 하지만 활용도 200%라고 해도 과언이 아닌 중요한 동사랍니다. 그러니 꼭 완벽하게 마스터하고 넘어가도록 해요!

 먹다, 마시다 prendre [프헝드흐] (단수 인칭 변형)

주어는	먹는다/마신다
Je	prends [프헝]
Tu	prends [프헝]
Il	prend [프헝]
Elle	

✔ **확인 체크**　　prendre 동사의 현재 시제 단수 인칭 변형을 떠올리면서 써 봅시다.

주어는	먹는다/마신다
Je	✎
Tu	✎
Il	✎
Elle	✎

 ~을 먹다, 마시다

1) prendre + 부분관사 + 명사

prendre 동사는 '먹다, 마시다'의 두 가지 뜻을 모두 지닌 동사이기 때문에 뒤에 어떤 명사가 오느냐에 따라 그 해석이 달라집니다. prendre 동사 뒤에 음식 명사가 온다면 '먹다'라는 의미가, 뒤에 음료 명사가 오게 되면 '마시다'라는 의미가 되는데요. manger 동사, boire 동사와 마찬가지로 prendre 동사 뒤에 음식 명사, 음료 명사가 올 때에는 주로 부분관사를 사용합니다. 먼저 새로운 음식 명사들을 활용하여 '먹다' 표현을 만들어 봅시다.

3 부분관사 de + 단수 명사

치즈	수프
le fromage	la soupe
[르 프호마쥬]	[라 수쁘]

(약간의) 치즈	(약간의) 수프
du fromage	de la soupe
[뒤 프호마쥬]	[들라 수쁘]

- 나는 치즈를 먹는다. → Je prends du fromage.
- 너는 치즈를 먹는다. → Tu prends du fromage.
- 그는 수프를 먹는다. → Il prend de la soupe.
- 그녀는 수프를 먹는다. → Elle prend de la soupe.

4 먹다, 마시다 prendre [프헝드흐] (복수 인칭 변형)

이번에는 prendre 동사의 복수 인칭 변형을 배워 보겠습니다. 발음에 유의하면서 천천히 읽어 봅시다.

주어는	먹는다/마신다
Nous	prenons [프흐농]
Vous	prenez [프흐네]
Ils	prennent [프헨느]
Elles	

prendre 동사의 현재 시제 복수 인칭 변형을 떠올리면서 써 봅시다.

주어는		먹는다/마신다
Nous	✎	
Vous	✎	
Ils	✎	
Elles	✎	

⑤ 부분관사 de + 단수 명사

prendre 동사의 복수 인칭 변형까지 마스터했으니 이번에는 음료 명사를 활용하여 '마시다' 표현을 만들어 볼까요? '와인'은 남성 명사, '물'은 여성 명사에 해당하므로 이에 따른 부분관사 형태에 유의하면서 함께 읽어 봅시다.

와인	물
le vin	l'eau
[르 방]	[로]
(약간의) 와인	**(약간의) 물**
du vin	de l'eau
[뒤 방]	[들로]

✎ 우리는 와인을 마신다. → Nous prenons du vin.

✎ 너희는/당신은 와인을 마신다. → Vous prenez du vin.

✎ 그들은 물을 마신다. → Ils prennent de l'eau.

✎ 그녀들은 물을 마신다. → Elles prennent de l'eau.

6 부정문 ne pas prendre

prendre 동사를 활용하여 '먹지 않는다, 마시지 않는다'와 같은 부정문도 만들 수 있습니다. 뒤따르는 명사 앞 부분관사는 부정문에서 de로 변한다는 점을 상기하면서 함께 부정문을 만들어 볼까요?

주어는	먹지/마시지 않는다
Je	ne prends pas [느 프헝 빠]
Tu	ne prends pas [느 프헝 빠]
Il	ne prend pas [느 프헝 빠]
Elle	

🐾 나는 치즈를 먹지 않는다.　　　　➡ Je ne prends pas de fromage.

🐾 너는 치즈를 먹지 않는다.　　　　➡ Tu ne prends pas de fromage.

🐾 그는 수프를 먹지 않는다.　　　　➡ Il ne prend pas de soupe.

🐾 그녀는 수프를 먹지 않는다.　　　➡ Elle ne prend pas de soupe.

주어는	먹지/마시지 않는다
Nous	ne prenons pas [느 프흐농 빠]
Vous	ne prenez pas [느 프흐네 빠]
Ils	ne prennent pas [느 프헨느 빠]
Elles	

🐾 우리는 와인을 마시지 않는다.　　　　➡ Nous ne prenons pas de vin.

🐾 너희는/당신은 와인을 마시지 않는다.　➡ Vous ne prenez pas de vin.

🐾 그들은 물을 마시지 않는다.　　　　　➡ Ils ne prennent pas d'eau.

🐾 그녀들은 물을 마시지 않는다.　　　　➡ Elles ne prennent pas d'eau.

7 중성 대명사 en

마무리하기 전에 prendre 동사만큼이나 일상생활에서 자주 사용하는 대명사를 한 가지 알려드리겠습니다. 바로 중성 대명사 en인데요. en은 '그것을'으로 해석되며, 앞서 언급된 단어의 반복을 피하기 위해 '부분관사+명사'를 대체하는 역할을 합니다. 동사의 앞에 위치하고 모음으로 시작하는 중성 대명사 en의 특성상, 주어와 en 사이 모음 축약과 연음은 불가피하겠죠?

> **중성 대명사 en의 특징**
> - '부분관사 + 명사'를 대체하는 대명사, 해석은 '그것을'로 해석
> - du, de la, des + 명사 ▶ en
>   ex) du fromage, de la soupe ▶ en
> - 기본 규칙: 동사 앞에 위치

나는 치즈를 먹는다.	→ Je prends du fromage.
나는 그것을 먹는다.	→ J'en prends.
나는 그것을 먹지 않는다.	→ Je n'en prends pas.

우리는 와인을 마신다.	→ On prend du vin.
우리는 그것을 마신다.	→ On en prend.
우리는 그것을 마시지 않는다.	→ On n'en prend pas.

 Tip 주어 인칭대명사 on은 '우리'라는 뜻의 주어 nous와 동일한 의미를 지니며, 동사 변화는 3인칭 단수 il, elle일 때와 같습니다.

대화로 말해 보기

▶ 오늘 배운 문장들을 활용하여 대화를 나눠 봐요!

A | 너는 치즈를 먹니? ➡ Est-ce que tu prends du fromage ?

B | 응, 나는 그것을 먹어. ➡ Oui, j'en prends.

A | 너희는 와인을 마시니? ➡ Est-ce que vous prenez du vin ?

B | 아니, 우리는 그것을 마시지 않아. ➡ Non, on n'en prend pas.

🏔 미션 확인 오늘의 핵심 문장을 완벽하게 외워 봅시다.

A: 너는 치즈를 먹니? ➡ Est-ce que tu prends du fromage ?

B: 응, 나는 그것을 먹어. ➡ Oui, j'en prends.

▶ 문제를 풀어 보면서 공부한 내용들을 완전히 내 것으로 만들어 봐요!

① **밑줄에 들어갈 알맞은 말을 부분관사와 함께 써 보세요.**

1. 약간의 치즈

2. 약간의 수프

3. 약간의 와인

4. 약간의 물

② **주어진 낱말들로 문장을 만드세요.**

1. 그들은 와인을 자주 마시니? (du / prennent / souvent / ils / vin / est-ce qu')

2. 그녀는 치즈를 먹는다. (prend / elle / fromage / du)

3. 우리는 그것을 먹지 않는다. (pas / n' / on / en / prend)

③ **해석을 참고하여 프랑스어로 작문해 보세요.**

1. 너는 수프를 먹니?

2. 아니, 나는 그것을 먹지 않아.

3. 그들은 와인을 마시니?

중성 대명사 **en**을 활용하여 다음 질문에 대한 대답을 써 보세요.

1. Est-ce que tu prends de la soupe ?

(부정) _____

2. Est-ce qu'elles prennent du vin ?

(부정) _____

3. Est-ce qu'il prend de l'eau ?

(긍정) _____

 주어진 단어를 활용하여 문장을 만들어 보세요.

> vin rouge [방 후쥬] n.m. 레드와인 │ vin blanc [방 블렁] n.m. 화이트와인

1. 나는 레드와인을 자주 마신다. _____

2. 너희는 화이트와인을 마시지 않는다. _____

3. 그녀는 화이트와인을 마시니? _____

정답

1 1. du fromage 2. de la soupe 3. du vin 4. de l'eau

2 1. Est-ce qu'ils prennent souvent du vin ? 2. Elle prend du fromage. 3. On n'en prend pas.

3 1. Est-ce que tu prends de la soupe ? 2. Non, je n'en prends pas. 3. Est-ce qu'ils prennent du vin ?

4 1. Non, je n'en prends pas. 2. Non, elles n'en prennent pas. 3. Oui, il en prend.

5 1. Je prends souvent du vin rouge. 2. Vous ne prenez pas de vin blanc. 3. Est-ce qu'elle prend du vin blanc ?

통닭구이
poulet rôti [뿔레 호띠]

poulet rôti는 닭 한 마리를 통째로 오븐에 구워 낸 프랑스 가정식입니다. 제가 프랑스에서 홈스테이를 하던 시절, 적어도 두 달에 한 번은 꼭 먹었던 요리인데요. 잘 익은 통닭과 곁들임 야채에서 흘러나온 고소하고 달짝지근한 소스가 아직도 눈앞에 아른거립니다. 한국의 통닭과는 조금 다른 느낌이니, 프랑스 레스토랑에 가신다면 한번 시켜 보는 것도 좋을 것 같아요.

🔆 클라라 선생님의 꿀팁

prendre 동사의 여러 가지 의미

지금까지 우리는 **prendre** 동사가 가지는 여러 의미를 활용하여 문장들을 만들어 보았습니다. 그런데 사실 prendre 동사는 '먹다, 마시다' 외에도 더 다양한 뜻이 있답니다. 다음 강의에서도 배우겠지만, '교통수단을 타다'라고 할 때의 '타다'의 의미도 지니고 있어요. 뿐만 아니라 **prendre** 동사는 '물건을 잡다'라고 할 때의 '잡다, 얻다, 사다' 등 영어의 **to eat, to take, to get**의 의미로도 쓰일 수 있는 만능 동사랍니다. 그만큼 일상적인 대화에서 자주 사용되는 동사이므로 꼭 완벽하게 외워 주세요!

France

문화 탐방

고소하고 담백한 '통닭구이'

음식 문화

닭 한 마리를 통째로 오븐에 구워 낸 통닭구이(poulet rôti [뿔레 호띠]), 먹어 보셨나요? BVA group에서 진행한 설문조사에 따르면 2015년도 당시, 프랑스인들이 가장 선호하는 음식이 바로 통닭구이였다고 합니다. 그만큼 가족 모임이나 특별한 연중행사 때면 자주 식탁에 오르는 이 요리는 프랑스를 상징하는 대표 메뉴라고 할 수 있어요.

통닭구이는 주로 오븐이나 바베큐 그릴 등 기계의 열기가 고기 자체에 직접적으로 가해지는 도구를 쓰는 것이 포인트입니다. 그렇다면 프랑스 전통 통닭구이는 어떻게 만들까요? 아주 간단하답니다! 우선 통닭의 속을 깨끗하게 비워 내고 날개를 몸통의 밑으로 접어 넣어 줍니다.

그리고 닭 가슴 쪽의 살을 제거한 뒤 소금과 후추를 이용하여 전체적으로 간을 한 다음, 다리를 모아 조리용 끈으로 묶습니다. 마지막으로 겉이 바삭하게 구워지도록 통닭의 겉과 속을 오일로 부드럽게 문질러 줍니다. 이제 오븐에 굽기만 하면 완성! 기호에 따라 다양한 향신료를 추가할 수도 있고 곁들임으로 구운 야채나 감자를 넣어 주어도 좋습니다.

통닭구이는 크기가 비교적 크기 때문에 혼자 즐기기보다는 가족들이 함께 즐기기에 더 적합한 요리랍니다. 그래서 식구가 여럿이거나 손님을 대접할 때 자주 하는 음식이에요. 여러분도 누군가를 초대한다면 만들기도 쉽고 맛도 좋은 통닭구이를 해 보시는 건 어떨까요?

Leçon

20

Je prends toujours le bus pour aller à l'école.

나는 학교에 가기 위해 항상 버스를 탑니다.

학습 목표	· PRENDRE 동사와 다양한 교통수단 학습하기 · 빈도 부사 활용하여 빈도 나타내기

| 학습
단어 | **bus** [뷔스] n.m. 버스 ｜ **métro** [메트호] n.m. 지하철 ｜ **train** [트항] n.m. 기차 ｜ **avion**
[아비옹] n.m. 비행기 ｜ **toujours** [뚜쥬흐] adv. 항상 ｜ **pâtes** [빠뜨] n.f.pl. 파스타 |

ÉTAPE 01 지난 시간 떠올리기

▶ 지난 시간 학습했던 내용들을 떠올려 볼까요?

지난 시간에는 '먹다, 마시다'의 두 가지 의미가 모두 가능한 3군 불규칙 동사 prendre 동사를 배웠습니다. 오늘도 계속해서 prendre 동사를 활용한 표현들을 익힐 예정인데요. 새로운 내용을 학습하기 전에 지난 시간에 배웠던 것들을 완벽하게 이해하고 넘어가는 것이 좋겠죠? 다양한 음식·음료 명사와 prendre 동사의 단수 복수 인칭 변형을 복습해 봅시다.

1 먹다, 마시다 prendre [프헝드흐]

주어는	먹는다/마신다
Je	prends [프헝]
Tu	prends [프헝]
Il	prend [프헝]
Elle	
Nous	prenons [프흐농]
Vous	prenez [프흐네]
Ils	prennent [프헨느]
Elles	

2 부분관사 de + 단수 명사

(약간의) 치즈	(약간의) 수프
du fromage	de la soupe
[뒤 프호마쥬]	[들라 수쁘]

(약간의) 와인	(약간의) 물
du vin	de l'eau
[뒤 방]	[들로]

🔺오늘의 미션   학습이 끝나면 이 문장을 완벽하게 말할 수 있어요!

A: 너는 학교에 가기 위해 무엇을 타니?

B: 나는 학교에 가기 위해 항상 버스를 타.

> 숫자 45 quarante-cinq [꺄헝뜨 쌍끄]

시원스쿨 SOS 프랑스어 말하기 첫걸음 **235**

오늘의 학습

▶ 오늘 배울 내용들을 살펴보고, 머릿속에 차곡차곡 담아 볼까요?

1 타다 prendre [프헝드흐]

지난 시간에 3군 prendre 동사는 '먹다' 뿐 아니라 '마시다'라는 의미로도 해석할 수 있다고 알려 드렸습니다. 그만큼 활용도가 높은 동사가 바로 prendre 동사인데요. prendre 동사는 '교통수단을 타다'라고 할 때의 '타다'라는 의미로도 해석된답니다. 아주 다재다능한 동사죠? 오늘은 여러 교통수단 명사와 prendre 동사를 활용하여 '~을 타다'라는 표현을 만들어 봅시다. 준비되셨나요?

 prendre는 '먹다, 마시다, 타다' 뿐 아니라 '잡다, 입다' 등 다양한 의미를 지닙니다.

2 교통수단을 타다

주어 인칭에 따른 prendre 동사의 변형을 모두 복습했으니 이제 교통수단 명사를 알려드려야겠죠? prendre 동사 뒤에 교통수단과 관련된 명사가 올 때는 주로 정관사를 사용합니다. 우리가 일상 속에서 학교나 직장, 집 등을 왕래할 때 자주 접하는 교통수단부터 함께 배워 볼까요?

1) prendre + 교통수단

버스	지하철
le bus	le métro
[르 뷔스]	[르 메트호]

- 나는 버스를 탄다. ➡ Je prends le bus.
- 너는 버스를 탄다. ➡ Tu prends le bus.
- 그는 지하철을 탄다. ➡ Il prend le métro.
- 그녀는 지하철을 탄다. ➡ Elle prend le métro.

이번에는 먼 곳으로 여행을 떠나거나 해외를 방문할 때 자주 이용하는 교통수단 명사를 배워 봅시다.

기차	비행기
le train	l'avion
[르 트항]	[라비옹]

Tip t는 [따]로 발음되지만 t 뒤에 r가 붙을 때는 [티]로 발음됩니다.

✔ 우리는 기차를 탄다.　　　　　→ Nous prenons le train.

✔ 너희는/당신은 기차를 탄다.　　→ Vous prenez le train.

✔ 그들은 비행기를 탄다.　　　　→ Ils prennent l'avion.

✔ 그녀들은 비행기를 탄다.　　　→ Elles prennent l'avion.

③ 빈도 부사

이동할 때 항상 버스나 지하철을 이용하는 분들도 있을 수 있겠고, 또 어떤 분들은 활동 반경이 넓어 이동할 때 기차를 자주 이용할 수도 있겠죠? 그래서 이번에는 '항상, 자주'에 해당하는 부사를 알려드리려고 합니다. 이러한 빈도 부사들은 주로 동사의 뒤에 위치한답니다. 이 점에 유의하면서 함께 읽어 봅시다.

항상	자주
toujours	souvent
[뚜쥬흐]	[수벙]

✔ 나는 항상 버스를 탄다.　　　→ Je prends toujours le bus.

✔ 나는 자주 버스를 탄다.　　　→ Je prends souvent le bus.

④ ~하기 위해 (pour + 동사원형)

'~을 위해'라는 뜻의 전치사 pour 뒤에 동사원형이 오면 '(동사원형)하기 위해'라는 표현이 완성된다는 것 기억하고 있나요? 보다 풍부한 문장을 만들고 싶다면 'pour+동사원형'을 활용하여 목적을 나타내는 것도 좋겠죠? 함께 만들어 봅시다.

✌ 학교에 가기 위해   → pour aller à l'école

✌ 나는 학교에 가기 위해 항상 버스를 탄다.
 → Je prends toujours le bus pour aller à l'école.

✌ 너는 학교에 가기 위해 자주 버스를 탄다.
 → Tu prends souvent le bus pour aller à l'école.

✌ 그는 학교에 가기 위해 항상 지하철을 탄다.
 → Il prend toujours le métro pour aller à l'école.

✌ 그녀는 학교에 가기 위해 자주 지하철을 탄다.
 → Elle prend souvent le métro pour aller à l'école.

✌ 파리에 가기 위해   → pour aller à Paris

✌ 우리는 파리에 가기 위해 항상 기차를 탄다.
 → Nous prenons toujours le train pour aller à Paris.

✌ 너희는/당신은 파리에 가기 위해 자주 기차를 탄다.
 → Vous prenez souvent le train pour aller à Paris.

✌ 그들은 파리에 가기 위해 항상 비행기를 탄다.
 → Ils prennent toujours l'avion pour aller à Paris.

✌ 그녀들은 파리에 가기 위해 자주 비행기를 탄다.
 → Elles prennent souvent l'avion pour aller à Paris.

✌ 너는 학교에 가기 위해 무엇을 타니?
 → Qu'est-ce que tu prends pour aller à l'école ?
 께스   끄   뛰   프헝   뿌흐   알레   아   레꼴

✌ 너희는 파리에 가기 위해 무엇을 타니?
 → Qu'est-ce que vous prenez pour aller à Paris ?
 께스   끄   부   프흐네   뿌흐   알레   아   빠히

대화로 말해 보기

▶ 오늘 배운 문장들을 활용하여 대화를 나눠 봐요!

A | 너는 학교에 가기 위해
무엇을 타니?

➡ Qu'est-ce que tu prends pour aller
à l'école ?

B | 나는 학교에 가기 위해
항상 버스를 타.

➡ Je prends toujours le bus pour
aller à l'école.

A | 너희는 파리에 가기 위해
무엇을 타니?

➡ Qu'est-ce que vous prenez pour
aller à Paris ?

B | 우리는 파리에 가기 위해
자주 기차를 타.

➡ Nous prenons souvent le train pour
aller à Paris.

🔺 미션 확인   오늘의 핵심 문장을 완벽하게 외워 봅시다.

A: 너는 학교에 가기 위해 무엇을 타니?
➡ Qu'est-ce que tu prends pour aller à l'école ?

B: 나는 학교에 가기 위해 항상 버스를 타.
➡ Je prends toujours le bus pour aller à l'école.

ÉTAPE 04 연습 문제

▶ 문제를 풀어 보면서 공부한 내용들을 완전히 내 것으로 만들어 봐요!

1 밑줄에 들어갈 알맞은 단어를 정관사와 함께 써 보세요.

1. 버스

2. 지하철

3. 기차

4. 비행기

2 주어진 낱말들로 문장을 만드세요.

1. 당신은 파리에 가기 위해 무엇을 탑니까?
(à / pour / qu'est-ce que / Paris / prenez / aller / vous)

2. 그녀는 학교에 가기 위해 자주 버스를 탄다.
(elle / à / souvent / pour / prend / bus / l' / le / école / aller)

3. 우리는 파리에 가기 위해 항상 비행기를 탄다.
(l' / on / toujours / avion / Paris / à / prend / aller/ pour)

4. 나는 학교에 가기 위해 항상 지하철을 탄다.
(pour / prends / le / aller / je / toujours / métro / école / à / l')

3 해석을 참고하여 프랑스어로 작문해 보세요.

1. 너는 학교에 가기 위해 무엇을 타니?

2. 그녀는 학교에 가기 위해 자주 지하철을 타.

_____

3. 너희는 파리에 가기 위해서 무엇을 타니?

_____

4. 그들은 파리에 가기 위해 항상 비행기를 타.

_____

4 주어진 명사를 활용하여 문장을 만들어 보세요.

| tram [트함] n.m. 트램(전차) | musée [뮈제] n.m. 박물관 |

1. 나는 박물관에 가기 위해 트램을 탄다.

_____

2. 그녀는 박물관에 가기 위해 항상 트램을 탄다.

_____

3. 당신은 박물관에 가기 위해 자주 트램을 탄다.

_____

정답

1 1. le bus 2. le métro 3. le train 4. l'avion

2 1. Qu'est-ce que vous prenez pour aller à Paris ? 2. Elle prend souvent le bus pour aller à l'école. 3. On prend toujours l'avion pour aller à Paris. 4. Je prends toujours le métro pour aller à l'école.

3 1. Qu'est-ce que tu prends pour aller à l'école ? 2. Elle prend souvent le métro pour aller à l'école. 3. Qu'est-ce que vous prenez pour aller à Paris ? 4. Ils prennent toujours l'avion pour aller à Paris.

4 1. Je prends le tram pour aller au musée. 2. Elle prend toujours le tram pour aller au musée. 3. Vous prenez souvent le tram pour aller au musée.

ÉTAPE 05

표현 더하기

▶ 오늘 배운 내용과 관련된 다양한 표현을 익혀 봐요!

파스타
pâtes [빠뜨]

언젠가 프랑스에서 학교를 다니던 시절 점심시간에 친구네 집에 모여 파스타를 만들어 먹었던 적이 있습니다. 당시에 토마토소스나 크림소스가 없어서 치즈만 한가득 뿌려 먹었던 기억이 나는데요. 친구들과 함께여서 그랬는지 정말 맛있게 먹었던 추억이 있어요. 간단하게 만들어 먹을 수 있는 파스타, 여러분도 오늘 점심으로 파스타 어떠세요?

❗ 클라라 선생님의 꿀팁

빈도 부사에 대해 더 알아볼까요?

오늘 강의에서는 '자주'와 '항상'이라는 뜻의 빈도 부사를 사용해 문장을 만들어 보았습니다. '항상, 자주' 이외에도 다양한 빈도 부사들을 더 알고 있다면 보다 더 풍부한 표현을 할 수 있 겠죠? 그래서 이번에는 자주 사용되는 빈도 부사 두 가지를 더 알려드리려고 합니다. 문장을 만들 때 활용해 보세요!

- **parfois** [빠흐푸아] 가끔
▶ Je prends parfois le bus. 나는 버스를 가끔 탄다.

- **rarement** [하흐멍] 드물게
▶ Je prends rarement le bus. 나는 버스를 드물게 탄다.

문화 탐방

익숙한 듯 익숙하지 않은 '파스타'

음식 문화

만인이 즐겨 먹는 파스타! 프랑스인들도 예외는 아닙니다. 오늘은 프랑스인들의 식탁에 자주 오르는 파스타를 주제로 이야기해 볼까 해요. 프랑스어로 pâtes[빠뜨]는 '파스타 재료인 면'이라는 뜻도 있지만, pâtes 자체로 파스타 요리를 뜻하기도 합니다. 파스타는 면의 종류가 매우 다양한데요. 그 때문에 파스타의 레시피도 각양각색이랍니다. 특히 프랑스에서는 길고 가는 종류의 롱 파스타(pâtes longues)뿐만 아니라 짧고 다채로운 모양의 쇼트 파스타(pâtes courtes)도 즐겨 먹어요.

복잡한 요리 과정 없이 면만 뜨거운 물에 삶아서 그 위에 기호에 맞게 좋아하는 재료를 넣으면 되는 아주 심플한 요리이기 때문에 간단한 식사를 하고 싶은 분들에게 아주 적합한 요리입니다. 어렵지 않은 조리법 때문에 실제로 프랑스 학교 식당 메뉴로 자주 등장하죠. 학교뿐만 아니라 가정집에서도 삶은 면과 향신료, 채소, 오일을 섞어 샐러드처럼 차갑게 먹거나 치즈와 소금을 뿌려 즐기기도 한답니다. 이렇게 파스타 전용 소스 없이 담백하게 즐기는 경우도 많아요.

이번에는 제가 프랑스에서 친구들과 즐겨 먹던 초간단 파스타 레시피를 하나 소개하려고 하는데요. 바로 훈제 연어 크림 파스타(pâtes à la crème et au saumon)입니다. 주재료인 훈제 연어와 크림, 그리고 약간의 후추와 소금만 있으면 간단하게 만들 수 있답니다. 먼저, 끓는 물에 면을 삶고 프라이팬에 큼지막하게 자른 훈제 연어와 크림을 넣고 끓여 줍니다. 소스에 소금과 후추를 첨가한 후 기호에 따라 여러 향신료를 추가하면 더 깊은 맛을 낼 수 있겠죠? 다 익은 면을 커다란 그릇에 담아 소스를 붓고 골고루 섞어 주기만 하면 완성! 여러분도 훈제 연어 크림 파스타 한번 만들어 보세요.

당신은 무언가를 마시기를 원하세요?

학습 목표 '나는 ~하는 것을 원한다' / '무언가를, 아무것도' / '나는 ~을 할 수 있다' /
날씨 표현 말하기

Vous voulez prendre quelque chose ?

Leçon
21

Je veux manger du pain.

나는 빵을 먹기를 원합니다.

학습 목표	• VOULOIR(원하다) 동사의 단수 인칭 변형 학습하기 • 부정문에서 부정의 DE를 활용하여 말하기

학습 단어	**croissant** [크후아썽] n.m. 크루아상

ÉTAPE 01 지난 시간 떠올리기

▶ 지난 시간 학습했던 내용들을 떠올려 볼까요?

지난 시간에는 prendre 동사와 우리가 평상시에 자주 이용하는 교통수단 명사들을 활용하여 '버스를 타다, 비행기를 타다'와 같은 표현들을 만들어 보았습니다. '먹다, 마시다' 뿐만 아니라 '타다'와 같은 의미로도 활용할 수 있는 prendre 동사, 적절하게 사용할 수 있도록 한번 더 복습해 볼까요?

 교통수단을 타다 : prendre + 교통수단

버스	지하철
le bus	le métro
[르 뷔스]	[르 메트호]

기차	비행기
le train	l'avion
[르 트항]	[라비옹]

프랑스어에서 빈도 부사는 동사의 뒤에 위치한다는 것 잘 기억하고 있죠? 지난 시간에 배웠던 빈도 부사들을 되뇌어 봅시다.

 빈도 부사

항상	자주
toujours	souvent
[뚜쥬흐]	[수벙]

🔺오늘의 미션   학습이 끝나면 이 문장을 완벽하게 말할 수 있어요!

A: 너는 무엇을 원하니?

B: 나는 빵을 먹기를 원해.

🐾 숫자 46 quarante-six [까헝뜨 씨스]

1 원하다 vouloir [불루아흐] (단수 인칭 변형)

오늘은 영어의 to want에 해당하는 vouloir 동사의 단수 인칭 변형을 배울 거예요. vouloir 동사는 어미가 -oir로 끝나는 3군 불규칙 동사로, 어미 변형이 까다롭습니다. 그래서 여러 번 반복하여 정확하게 익혀야 해요. 특히 단수 인칭 변형에는 초보자 분들이 다소 어렵게 느끼는 eu 발음이 등장하는데요. 이 발음은 입술은 동그랗게 모은 '오' 입 모양 상태에서 '에' 소리를 내는 것이 특징입니다. 입 모양만 제대로 한다면 쉽게 정확한 발음을 할 수 있을 거예요. 자, 그럼 함께 vouloir 동사의 단수 인칭 변형을 배워 볼까요?

주어는	원한다
Je	veux [뵈]
Tu	veux [뵈]
Il	veut [뵈]
Elle	

✔ 확인 체크	vouloir 동사의 현재 시제 단수 인칭 변형을 떠올리면서 써 봅시다.

주어는	원한다
Je	✎
Tu	✎
Il	✎
Elle	✎

2 ~을 원하다

vouloir 동사를 학습했으니 이번에는 뒤에 명사를 붙여 '~을 원하다'와 같은 문장을 만들어 볼까요? 먼저 '커피'를 활용한 문장부터 만들어 볼 텐데요. 커피는 셀 수 없는 불가산 명사이기 때문에 부분관사를 사용해야 하지만, 부정관사를 사용할 경우 '커피 한 잔'이라는 의미를 지닌답니다. 두 가지 모두를 활용해서 '나는 커피를 원한다, 나는 커피 한 잔을 원한다'라는 문장을 만들어 봅시다.

1) vouloir + 명사

커피 한 잔	커피
un café	du café
[앙 꺄페]	[뒤 꺄페]

- 🖐 나는 커피 한 잔을 원한다. → Je veux un café.

- 🖐 나는 커피 한 잔을 원합니다. → Je voudrais un café.
  부드헤

- 🖐 너는 커피를 원한다. → Tu veux du café.

> **Tip** voudrais는 vouloir 동사의 조건법 1인칭 단수 형태로, 공손한 어조로 말할 때 사용합니다.

이번에는 음식 명사 '빵'을 활용하여 문장을 만들어 봅시다. 부정관사를 사용할 경우 '빵 하나'라는 의미를 지니며 부분관사를 사용하면 '약간의 빵, 빵의 일부'를 뜻합니다. 두 관사의 차이점에 유의하며 함께 읽어 봅시다.

빵 하나	빵
un pain	du pain
[앙 빵]	[뒤 빵]

- 🖐 그는 빵 하나를 원한다. → Il veut un pain.

- 🖐 그녀는 빵을 원한다. → Elle veut du pain.

~하는 것을 원하다

vouloir 동사 뒤에 명사를 붙여 '(명사)를 원하다'라는 표현도 만들 수 있지만 뒤에 명사 대신 동사원형을 붙여 '(동사원형)하는 것을 원하다'라는 표현도 할 수 있어요! 한 문장 안에 두 개의 동사가 오는 경우에는 첫 번째 동사만 주어 인칭에 맞게 변형시키면 됩니다. manger 동사와 boire 동사를 활용해 볼까요?

1) vouloir + 동사원형

- 🖐 먹기를 원하다 → vouloir manger

- 🖐 나는 빵을 먹기를 원한다. → Je veux manger du pain.

- 🖐 너는 고기를 먹기를 원한다. → Tu veux manger de la viande.

✔ 마시기를 원하다 → vouloir boire

✔ 그는 우유를 마시기를 원한다. → Il veut boire du lait.

✔ 그녀는 맥주를 마시기를 원한다. → Elle veut boire de la bière.

4 부정문 ne pas vouloir

'나는 ~을, ~하는 것을 원해'라는 표현도 할 수 있어야겠지만 원하지 않는 경우가 생겼을 때도 정확하게 의사 표현을 할 수 있어야겠죠? 부정문에서 부분관사와 부정 관사는 부정의 de로 변한다는 것에 유의하면서 이번에는 동사의 앞뒤로 ne pas를 붙여 부정문을 만들어 보겠습니다.

주어는	원하지 않는다
Je	ne veux pas [느 뵈 빠]
Tu	ne veux pas [느 뵈 빠]
Il	ne veut pas [느 뵈 빠]
Elle	

✔ 나는 커피를 원하지 않는다. → Je ne veux pas de café.

✔ 너는 커피를 원하지 않는다. → Tu ne veux pas de café.

✔ 그는 빵을 원하지 않는다. → Il ne veut pas de pain.

✔ 그녀는 빵을 원하지 않는다. → Elle ne veut pas de pain.

✔ 나는 빵을 먹기를 원하지 않는다. → Je ne veux pas manger de pain.

✔ 너는 고기를 먹기를 원하지 않는다. → Tu ne veux pas manger de viande.

✔ 그는 우유를 마시기를 원하지 않는다. → Il ne veut pas boire de lait.

✔ 그녀는 맥주를 마시기를 원하지 않는다. → Elle ne veut pas boire de bière.

✔ 너는 무엇을 원하니? → Qu'est-ce que tu veux ?
께스   끄   뛰   뵈

ÉTAPE 03 대화로 말해 보기

▶ 오늘 배운 문장들을 활용하여 대화를 나눠 봐요!

A | 너는 무엇을 원하니? → Qu'est-ce que tu veux ?

B | 나는 빵 하나를 원해. → Je veux un pain.

나는 빵을 먹기를 원해. Je veux manger du pain.

그는 우유를 마시기를 원하니? Est-ce qu'il veut boire du lait ?

A | 아니, 그는 우유를 마시고 싶지 않아. → Non, il ne veut pas boire de lait.

🔺미션 확인   오늘의 핵심 문장을 완벽하게 외워 봅시다.

A: 너는 무엇을 원하니? → Qu'est-ce que tu veux ?

B: 나는 빵을 먹기를 원해. → Je veux manger du pain.

ÉTAPE **04** **연습 문제**

▶ 문제를 풀어 보면서 공부한 내용들을 완전히 내 것으로 만들어 봐요!

1 **밑줄에 들어갈 알맞은 프랑스어를 관사와 함께 써 보세요.**

1. 빵 하나

2. (약간의) 빵

3. 커피 한 잔

4. (약간의) 커피

5. (약간의) 고기

6. (약간의) 우유

2 **주어진 낱말들로 문장을 만드세요.**

1. 나는 커피 한 잔을 원한다. (je / un / veux / café)

2. 그녀는 고기를 먹기를 원한다. (de / manger / elle / la / veut / viande)

3. 너는 우유를 마시기를 원한다. (tu / du / boire / lait / veux)

4. 그는 빵을 먹기를 원한다. (veut / il / du / manger / pain)

3 **해석을 참고하여 프랑스어로 작문해 보세요.**

1. 너는 무엇을 원하니?

2. 그녀는 맥주를 마시기를 원하지 않는다.

_____

3. 나는 빵 하나를 먹기를 원한다.

_____

4. 너는 고기를 먹기를 원하지 않는다.

_____

4 **주어진 명사를 활용하여 문장을 만들어 보세요.**

| chocolat [쇼꼴라] n.m. 초콜릿 | jus de pomme [쥐 드 뽐므] n.m. 사과주스 |

1. 나는 초콜릿을 먹기를 원한다. _____

2. 그는 사과주스를 마시기를 원한다. _____

3. 그녀는 사과주스를 마시기를 원하지 않는다. _____

4. 너는 초콜릿을 먹기를 원하지 않는다. _____

정답

1 1. un pain 2. du pain 3. un café 4. du café 5. de la viande 6. du lait

2 1. Je veux un café. 2. Elle veut manger de la viande. 3. Tu veux boire du lait. 4. Il veut manger du pain.

3 1. Qu'est-ce que tu veux ? 2. Elle ne veut pas boire de bière. 3. Je veux manger un pain. 4. Tu ne veux pas manger de viande.

4 1. Je veux manger du chocolat. 2. Il veut boire du jus de pomme. 3. Elle ne veut pas boire de jus de pomme. 4. Tu ne veux pas manger de chocolat.

표현 더하기

▶ 오늘 배운 내용과 관련된 다양한 표현을 익혀 봐요!

크루아상
croissant [크후아썽]

크루아상은 여러 겹의 반죽으로 만들어진 페이스트리로, 크림이 들어가지 않아 담백하고 고소한 프랑스의 대표적인 빵입니다. 크림이나 잼이 들어가지 않는다고 칼로리가 낮은 빵이라 여기는 분들이 많을 텐데, 저도 크루아상의 칼로리를 보고 생각보다 높아서 깜짝 놀랐던 적이 있답니다. 다이어트하시는 분들은 조심하셔야 해요.

💡클라라 선생님의 꿀팁

주문할 때에는 뭐라고 말해야 할까요?

프랑스의 레스토랑이나 카페를 방문했는데 '주문을 어떻게 해야 하는지 잘 모르겠다' 하시는 분들, 또는 '가장 간결하고 쉽게 주문하고 싶다' 하시는 분들을 위해 작은 팁을 알려드릴게요.

오늘 배운 'je voudrais...' 표현을 기억하시나요? 원하는 것을 공손하게 이야기할 때 이 표현을 자주 사용하는데요. 주문할 때도 je voudrais 뒤에 원하는 메뉴만 붙인 다음 영어의 please와 같은 뜻인 s'il vous plaît로 마무리하면 됩니다. '~ 주세요'라는 주문 표현, 같이 만들어 볼까요?

- 나는 커피 한 잔을 원합니다.
  (= 커피 한 잔 주세요.)
  ▶ Je voudrais un café, s'il vous plaît.
  [쥬 부드헤 앙 까페 실 부 쁠레]

- 나는 맥주 한 잔을 원합니다.
  (= 맥주 한 잔 주세요.)
  ▶ Je voudrais une bière, s'il vous plaît.
  [쥬 부드헤 윈느 비에흐 실 부 쁠레]

문화 탐방

초승달을 닮은 빵 '크루아상'

음식 문화

프랑스인들의 아침 식사에 바게트만큼이나 자주 등장하는 빵, 크루아상 아시죠? 크루아상은 프랑스어로 croissant [크후아썽], 즉 '초승달'을 의미하는 단어입니다. 이러한 이름이 붙은 까닭은 아마 크루아상의 사진을 보자마자 눈치채셨을 텐데요. 맞습니다! 빵 모양이 초승달을 닮아 붙여진 이름이랍니다.

잠시 크루아상의 역사를 살펴볼까요? 사실 크루아상은 17세기 오스트리아에서 유래된 것으로 알려져 있습니다. 그렇다면 맛있는 크루아상을 만드는 도시 중 한 곳으로 파리가 손꼽히게 된 이유도 아시나요? 바로 18세기 비운의 왕이었던 루이 16세(Louis XVI)의 부인인 빈 출신의 마리 앙투아네트(Marie-Antoinette) 때문인데요. 마리 앙투아네트가 프랑스로 시집을 오면서 함께 따라온 오스트리아 출신의 제빵사들이 프랑스 왕국에 크루아상을 소개했고, 프랑스에서 큰 호응을 얻어 파리에서도 맛있는 크루아상을 맛볼 수 있게 되었답니다.

오늘날 크루아상은 프랑스를 대표하는 빵으로 자리 잡아 프랑스인들의 아침 식사뿐만 아니라 출출할 때 즐기기 좋은 간식 메뉴로도 인정받고 있습니다. 겉은 바삭바삭하고 속은 부드러운 크루아상을 기호에 맞게 버터나 잼을 발라 우유 또는 커피에 찍어 먹으면 그야말로 환상적이죠. 요즘은 바게트 대신 크루아상 안에 토마토와 샐러드, 치즈와 햄을 넣은 크루아상 샌드위치를 브런치로 먹거나 생크림이나 바닐라 크림을 크루아상 안에 채워 넣어 달콤한 디저트를 만들어 먹는 등 매우 다양한 레시피가 존재한답니다. 여러분도 보다 다양한 방법으로 크루아상을 즐겨 보세요.

Leçon 22

Vous voulez prendre quelque chose ?

당신은 무언가를 마시기를 원하세요?

학습 | 목표
- VOULOIR 동사의 복수 인칭 변형 학습하기
- '어떤 것, 무언가, 아무것도'를 의미하는 부정 대명사 활용하여 문장 만들기

학습 | 단어
quelque chose [껠끄 쇼즈] 어떤 것, 무언가 | **rien** [히앙] 아무것도 | **raclette** [하끌 렛뜨] n.f. 라클렛

ÉTAPE 01 지난 시간 떠올리기

▶ 지난 시간 학습했던 내용들을 떠올려 볼까요?

지난 시간에는 to want와 같은 뜻의 3군 불규칙 동사인 vouloir 동사의 단수 인칭 변형을 배웠습니다. 또한 vouloir 동사 뒤에 명사를 붙여 '(명사)를 원하다' 동사원형을 붙여 '(동사원형)하는 것을 원하다'와 같은 표현들을 만들어 보았는데요. 한 문장 안에 두 개의 동사가 오는 경우, 첫 번째 동사만 주어 인칭에 맞게 변화시킨다는 것 잘 기억하고 있죠? 오늘은 복수 인칭 변형을 배울 텐데요. 지난 시간 복습 먼저 해 볼까요?

1 원하다 vouloir [불루아흐] (단수 인칭 변형)

주어는	원한다
Je	veux [뵈]
Tu	veux [뵈]
Il	veut [뵈]
Elle	

> **Tip** eu 발음은 입술을 동그랗게 모은 '오' 상태에서 '에' 소리를 냅니다.

2 부정문 ne pas vouloir

주어는	원하지 않는다
Je	ne veux pas [느 뵈 빠]
Tu	ne veux pas [느 뵈 빠]
Il	ne veut pas [느 뵈 빠]
Elle	

3 ~하는 것을 원하다 vouloir + 동사원형

- 먹기를 원하다 → vouloir manger

- 마시기를 원하다 → vouloir boire

> **🗻오늘의 미션** 학습이 끝나면 이 문장을 완벽하게 말할 수 있어요!
>
> A: 당신은 무언가를 마시기를 원하세요?
>
> B: 아니요, 나는 아무것도 원하지 않아요.
>
> 🌙 숫자 **47 quarante-sept** [까헝뜨 쎄뜨]

1 원하다 vouloir [불루아흐] (복수 인칭 변형)

지난 시간에 이어 vouloir 동사의 복수 인칭 변형을 학습해 보겠습니다. 발음에 유의하면서 크게 소리 내어 읽어 봅시다.

주어는	원한다
Nous	voulons [불롱]
Vous	voulez [불레]
Ils	veulent [뵐르]
Elles	

✔ **확인 체크**	vouloir 동사의 현재 시제 복수 인칭 변형을 떠올리면서 써 봅시다.

주어는	원한다
Nous	◆
Vous	◆
Ils	◆
Elles	◆

2 ~하는 것을 원하다

이번에는 vouloir 동사 뒤에 prendre 동사를 붙여서 문장을 만들어 보겠습니다. manger 동사, boire 동사와 마찬가지로 prendre 동사 뒤에 음식, 음료 명사가 올 때에는 주로 부분관사를 사용한다는 것을 떠올리면서 함께 '~을 먹기를 원하다, ~을 마시기를 원하다'라는 표현을 만들어 봅시다.

1) vouloir + 동사원형

먹기를, 마시기를 원하다 → vouloir prendre

우리는 치즈를 먹기를 원한다. → Nous voulons prendre du fromage.

너희는/당신은 수프를 먹기를 원한다. → Vous voulez prendre de la soupe.

그들은 와인을 마시기를 원한다. → Ils veulent prendre du vin.

그녀들은 물을 마시기를 원한다. → Elles veulent prendre de l'eau.

부정문 ne pas vouloir

부정관사와 부분관사는 부정문에서 de로 바뀐다는 것을 수차례에 걸쳐 학습하고 나니, 이제 자동으로 부정문이 만들어지지 않나요? 동사의 앞뒤로 ne pas를 붙여서 '원하지 않는다'라는 표현을 만들어 봅시다.

주어는	원하지 않는다
Nous	ne voulons pas [느 불롱 빠]
Vous	ne voulez pas [느 불레 빠]
Ils	ne veulent pas [느 뵐르 빠]
Elles	

우리는 치즈를 먹기를 원하지 않는다. → Nous ne voulons pas prendre de fromage.

너희는/당신은 수프를 먹기를 원하지 않는다. → Vous ne voulez pas prendre de soupe.

그들은 와인을 마시기를 원하지 않는다. → Ils ne veulent pas prendre de vin.

그녀들은 물을 마시기를 원하지 않는다. → Elles ne veulent pas prendre d'eau.

어떤 것, 무언가 quelque chose [껠끄 쇼즈]

어느 정도 문장 구성에 익숙해졌다면 이번에는 유용하게 쓸 수 있는 새로운 단어를 알려드릴게요! 바로 '어떤 것, 무언가'라는 뜻의 부정 대명사 quelque chose입니다. quelque chose는 영어의 something 에 해당하는데요. 문장 안에서는 목적어 자리에 위치한답니다. 오늘 배운 vouloir 동사와 함께 표현을 만 들어 볼까요?

나는 무언가를 먹기를 원한다.	➡	Je veux manger quelque chose.
너는 무언가를 먹기를 원하니?	➡	Tu veux manger quelque chose ?
그는 무언가를 마시기를 원하니?	➡	Il veut boire quelque chose ?
그녀는 무언가를 마시기를 원하니?	➡	Elle veut boire quelque chose ?
당신은 무언가를 먹기를 원하세요?	➡	Vous voulez prendre quelque chose ?
당신은 무언가를 마시기를 원하세요?	➡	Vous voulez prendre quelque chose ?

 ### 아무것도 rien [히앙]

'어떤 것, 무언가'라는 뜻의 quelque chose를 알려드렸으니 이번에는 그와 반대 뜻을 가진 단어도 알려 드려야겠죠? 바로 '아무것도'라는 의미의, 영어의 nothing에 해당하는 부정 대명사 rien인데요. rien은 부정의 의미를 지니기 때문에 꼭 ne와 함께 사용해야 한답니다. 부정문을 만들 때에는 일반적으로 동사 앞뒤에 ne pas를 붙였는데요. 동사의 앞뒤로 ne rien을 붙여 주면 '아무것도 ((동사)하지) 않는다'라는 표현이 완성됩니다. 함께 큰 소리로 읽어 볼까요 ?

나는 아무것도 원하지 않는다.	➡	Je ne veux rien.
너는 아무것도 원하지 않는다.	➡	Tu ne veux rien.

Tip rien은 ne와 함께 사용합니다. ne 동사 rien = 아무것도 ((동사)하지) 않는다

A | 너희는 무언가를 먹기를 원하니? → Vous voulez prendre quelque chose ?

B | 응, 우리는 치즈를 먹기를 원해. → Oui, nous voulons prendre du fromage.

A | 당신은 무언가를 마시기를 원하세요? → Vous voulez prendre quelque chose ?

B | 네, 나는 와인을 마시기를 원해요. → Oui, je veux prendre du vin.

아니요, 나는 아무것도 원하지 않아요. Non, je ne veux rien.

▲ 미션 확인 오늘의 핵심 문장을 완벽하게 외워 봅시다.

A: 당신은 무언가를 마시기를 원하세요?
→ Vous voulez prendre quelque chose ?

B: 아니요, 나는 아무것도 원하지 않아요.
→ Non, je ne veux rien.

ÉTAPE 04 — 연습 문제

▶ 문제를 풀어 보면서 공부한 내용들을 완전히 내 것으로 만들어 봐요!

1 밑줄에 들어갈 알맞은 말을 써 보세요.

1. 어떤 것, 무언가

2. 아무것도

3. (약간의) 치즈

4. (약간의) 수프

5. (약간의) 와인

6. (약간의) 물

2 주어진 낱말들로 문장을 만드세요.

1. 우리는 치즈를 먹기를 원한다.
(du / voulons / fromage / nous / prendre)

2. 당신은 무언가를 마시기를 원하세요?
(prendre / quelque chose / voulez / vous)

3. 그들은 와인을 마시기를 원하지 않는다.
(pas / veulent / ils / prendre / vin / ne / de)

4. 그녀들은 물을 마시기를 원한다.
(l' / elles / eau / veulent / de / prendre)

해석을 참고하여 프랑스어로 작문해 보세요. (prendre 동사 활용)

1. 너희는 무언가를 먹기를 원하니?

_____

2. 응, 우리는 치즈를 먹기를 원해. (Nous)

_____

3. 당신은 무언가를 마시기를 원하세요?

_____

4. 아니요, 나는 아무것도 원하지 않아요.

_____

 주어진 명사와 prendre 동사를 활용하여 문장을 만들어 보세요.

pâtes [빠뜨] n.f.pl. 파스타 ǀ cidre [씨드흐] n.m. 사과주

1. 우리는 파스타를 먹기를 원한다. (Nous) _____

2. 당신은 사과주를 마시기를 원한다. _____

3. 그들은 파스타를 먹기를 원하지 않는다. _____

4. 그녀들은 사과주를 마시기를 원하지 않는다. _____

정답

1 1. quelque chose 2. rien 3. du fromage 4. de la soupe 5. du vin 6. de l'eau

2 1. Nous voulons prendre du fromage. 2. Vous voulez prendre quelque chose ? 3. Ils ne veulent pas prendre de vin. 4. Elles veulent prendre de l'eau.

3 1. Vous voulez prendre quelque chose ? 2. Oui, nous voulons prendre du fromage. 3. Vous voulez prendre quelque chose ? 4. Non, je ne veux rien.

4 1. Nous voulons prendre des pâtes. 2. Vous voulez prendre du cidre. 3. Ils ne veulent pas prendre de pâtes. 4. Elles ne veulent pas prendre de cidre.

표현 더하기

▶ 오늘 배운 내용과 관련된 다양한 표현을 익혀 봐요!

라클렛
raclette [하끌렛뜨]

'겨울철에 가장 많이 생각나는 프랑스 음식이 뭔가요?'라고 누군가가 묻는다면 저는 잠시도 고민하지 않고 '라클렛이요!'이라고 대답할 거예요. 뜨끈하게 삶은 감자 위에 꾸덕꾸덕하게 녹인 치즈를 얹어 먹는 라클렛은 돼지고기와 치즈를 너무나 좋아하는 저에게 최고의 요리랍니다. 하지만 그만큼 고칼로리 음식이기도 하죠. 라클렛의 대표적인 재료들은 소시지와 햄, 양파, 피클, 버섯, 감자 그리고 라클렛용 치즈인데요. 이외에도 물론 취향에 따라 여러 가지 재료들을 추가할 수 있답니다. 여기에 기름진 맛을 잡아 줄 화이트와인 한 잔까지 곁들인다면 추운 겨울을 따뜻하게 날 수 있을 거예요.

❗클라라 선생님의 꿀팁

vouloir 동사를 활용하여 다양한 표현을 할 수 있어요!

지금까지 vouloir 동사 뒤에 manger 동사, boire 동사, prendre 동사를 붙여서 '먹기를/마시기를 원하다'라는 표현을 만들어 보았는데요. 이쯤에서 1, 2탄에 걸쳐 학습했던 모든 동사들을 활용해서 더 다양한 표현을 만들어 보는 건 어떨까요?

• 말하기를 원하다 vouloir parler

▶ 나는 프랑스어를 말하기를 원한다. Je veux parler français.

• 공부하기를 원하다 vouloir étudier

▶ 나는 중국어를 공부하기를 원한다. Je veux étudier le chinois.

• 살기를 원하다 vouloir habiter

▶ 나는 프랑스에 살기를 원한다. Je veux habiter en France.

• 가기를 원하다 vouloir aller

▶ 나는 한국에 가기를 원한다. Je veux aller en Corée.

France

문화 탐방

짭짤하게 입맛을 당기는 '라클렛'

음식 문화

겨울철에 가족들 또는 친구들과 오순도순 모여 앉아 즐기기에 제격인 음식, 라클 렛을 소개합니다! 라클렛은 '긁어 내다'라는 뜻의 racler 동사에서 유래된 명사로, 뜨거운 열기에 녹여 낸 치즈를 접시에 옮겨 담기 위해 긁어 내는 모습을 묘사한 데서 붙여진 이름이랍니다.

그렇다면 이 음식은 어디에서 생겨난 걸까요? 라클렛은 12세기 스위스 발레(Le Valais) 지역에서 목동들에 의해 처음 발명된 음식인데요. 당시에는 라클렛이 아 닌 '구운 치즈'라고 불렸답니다. 19세기가 되어 스위스 산지와 골짜기 등으로 널리 퍼져 나가면서 훗날 스위스인들이 가장 선호하는 국민 음식으로 손꼽히게 되었 고, 1874년부터 '라클렛'이라는 이름으로 불리게 되었죠. 1970년도에는 프랑스의 유명 가전제품 브랜드에서 라클렛용 기계를 발명하면서 프랑스에서도 급속도로 대중화되었습니다.

라클렛은 기호에 따라 삶은 감자, 피클, 양파, 돼지고기 등 여러 재료 위에 강한 불 에 녹인 치즈를 뿌려 먹는 다소 열량이 높은 음식이지만, 추운 겨울에는 프랑스의 어느 가정에서든 꼭 한 번씩은 만들어 먹는 음식이랍니다. 그만큼 프랑스인들이 참 좋아하는 음식이라는 것을 알 수 있겠죠? 반면, 한국에서는 라클렛이 다소 생 소할 수 있어요. 그래도 서울 곳곳에 프랑스 가정식 레스토랑들이 생겨나고 있으 니, 방문할 기회가 있다면 메뉴에서 라클렛을 찾아보시는 것도 재미있을 것 같아요. 겨울철에는 강한 추위를 이겨 내기 위해 기름지고 짭짤한 고칼로리 음식을 더 찾게 되죠. 그럴 땐 라클렛을 강력 추천 합니다!

Leçon
23

Je peux parler français.

나는 프랑스어를 말할 수 있습니다.

학습|목표
- POUVOIR(할 수 있다) 동사의 단수·복수 인칭 변형 학습하기
- POUVOIR 동사 + 동사원형을 활용한 문장 만들기

학습|단어
chanter [성떼] v. 노래하다 | **dormir** [도흐미흐] v. 잠자다 | **maintenant** [망뜨넝] adv. 지금 | **foie gras** [푸아 그하] n.m. 푸아그라

ÉTAPE 01 지난 시간 떠올리기

▶ 지난 시간 학습했던 내용들을 떠올려 볼까요?

1 원하다 vouloir [불루아흐] (복수 인칭 변형)

지난 시간에는 영어의 to want와 같은 의미의 3군 불규칙 동사, vouloir 동사의 복수 인칭 변형을 배웠습니다. vouloir 동사 뒤에 동사원형을 붙여서 '(동사원형)하는 것을 원한다'와 같은 긴 문장도 만들어 보았는데요. vouloir 동사를 완벽하게 내 것으로 만들 수 있도록 소리 내어 큰 소리로 읽어 봅시다.

주어는	원한다
Nous	voulons [불롱]
Vous	voulez [불레]
Ils	veulent [뵐르]
Elles	

2 부정문 ne pas vouloir

주어는	원하지 않는다
Nous	ne voulons pas [느 불롱 빠]
Vous	ne voulez pas [느 불레 빠]
Ils	ne veulent pas [느 뵐르 빠]
Elles	

3 ~하는 것을 원하다 : vouloir + 동사원형

🌿 먹기를, 마시기를 원하다 ➡ vouloir prendre

🗻 오늘의 미션   학습이 끝나면 이 문장을 완벽하게 말할 수 있어요!

A: 너는 프랑스어를 말할 수 있니?

B: 응, 나는 프랑스어를 말할 수 있어.

🌿 숫자 48 quarante-huit [꺄헝뜨 위뜨]

ÉTAPE 02 오늘의 학습

▶ 오늘 배울 내용들을 살펴보고, 머릿속에 차곡차곡 담아 볼까요?

1 할 수 있다 pouvoir [뿌부아흐] (단수 인칭 변형)

vouloir 동사에 이어 오늘은 pouvoir 동사를 배워 보겠습니다. 영어의 조동사 can과 같은 뜻인 pouvoir 동사는 3군 불규칙 동사에 해당합니다. pouvoir 동사는 의미 그대로 '할 수 있다'라는 뜻으로 쓰이지만 허락을 구할 때에도 자주 사용되어 활용도가 아주 높답니다. eu 발음에 유의하면서 함께 읽어 볼까요?

주어는	할 수 있다
Je	peux [쁘]
Tu	peux [쁘]
Il	peut [쁘]
Elle	

✔ **확인 체크**   pouvoir 동사의 현재 시제 단수 인칭 변형을 떠올리면서 써 봅시다.

주어는	할 수 있다
Je	✎
Tu	✎
Il	✎
Elle	✎

2 ~하는 것을 할 수 있다

pouvoir 동사는 홀로 쓰이기보다 뒤따르는 동사를 뒷받침하는, 조동사와 비슷한 역할을 하는 착한 동사랍니다. vouloir 동사를 배울 때 이미 여러 번 반복해서 익숙하시겠지만, 한 문장 안에 두 개의 동사가 올 때에는 첫 동사만 주어 인칭에 맞게 바꾸어 준다는 것 기억하시죠? 이 점에 유의하면서 '~하는 것을 할 수 있다'라는 표현을 만들어 보겠습니다.

1) pouvoir + 동사원형

프랑스어를 말할 수 있다	➡ pouvoir parler français
나는 프랑스어를 말할 수 있다.	➡ Je peux parler français.
너는 프랑스어를 말할 수 있다.	➡ Tu peux parler français.
그는 프랑스어를 말할 수 있다.	➡ Il peut parler français.
그녀는 프랑스어를 말할 수 있다.	➡ Elle peut parler français.

의견을 제시하고 싶을 때, pouvoir 동사를 사용하여 조심스럽게 허락을 구하는 표현이 있습니다. 대화에 그냥 불쑥 끼어들기보다 이 표현을 사용하면서 말문을 연다면 훨씬 더 공손한 느낌을 줄 수 있겠죠? 함께 읽어 볼까요?

나는 말할 수 있어요?   ➡ Est-ce que je peux parler ?
(= 나는 말해도 되나요?)

3 할 수 있다 pouvoir [뿌부아흐] (복수 인칭 변형)

이번에는 pouvoir 동사의 복수 인칭 변형을 배워 보도록 합시다. peuvent의 발음이 어렵다고 느끼시는 분들! 먼저 'peu [쀠]' 소리를 내는 상태에서 'v' 소리만 추가해 보세요. 생각보다 쉽게 발음할 수 있을 거예요. 같이 해 볼까요?

주어는	할 수 있다
Nous	pouvons [뿌봉]
Vous	pouvez [뿌베]
Ils	peuvent [쀠브]
Elles	

✔ **확인 체크** pouvoir 동사의 현재 시제 복수 인칭 변형을 떠올리면서 써 봅시다.

주어는		할 수 있다
Nous	◆	
Vous	◆	
Ils	◆	
Elles	◆	

④ ~하는 것을 할 수 있다

지금까지 배운 동사들을 활용하여 문장을 만들어 보았으니 이번에는 새로운 동사들을 알려드릴게요. 먼저 1군 규칙 동사인 'chanter(노래하다)'입니다. '노래할 수 있다'라는 표현을 만들고 싶다면 pouvoir 동사 뒤에 동사원형 그대로 chanter만 덧붙이면 되겠죠?

1) pouvoir + 동사원형

 노래하다 → chanter
성떼

✔ 노래할 수 있다 → pouvoir chanter

✔ 우리는 노래할 수 있다. → Nous pouvons chanter.

✔ 너희는/당신은 노래할 수 있다. → Vous pouvez chanter.

✔ 그들은 노래할 수 있다. → Ils peuvent chanter.

✔ 그녀들은 노래할 수 있다. → Elles peuvent chanter.

✔ 우리는 노래할 수 있나요? → Est-ce que nous pouvons chanter ?
  (= 우리는 노래해도 되나요?)

5 부정문 ne pas pouvoir

누군가가 '너 ~할 수 있니?'라고 물었을 때, 억지로 할 수 있다고 대답할 필요는 없겠죠? 당당하게 '할 수 없어'라고 말할 수 있도록 부정 표현을 알아봅시다.

주어는	할 수 없다
Je	ne peux pas [느 쁘 빠]
Tu	ne peux pas [느 쁘 빠]
Il	ne peut pas [느 쁘 빠]
Elle	

🌱 나는 프랑스어를 말할 수 없다.   ➡ Je ne peux pas parler français.

🌱 너는 프랑스어를 말할 수 없다.   ➡ Tu ne peux pas parler français.

🌱 그는 프랑스어를 말할 수 없다.   ➡ Il ne peut pas parler français.

🌱 그녀는 프랑스어를 말할 수 없다.   ➡ Elle ne peut pas parler français.

> **Tip**   여기에서 '프랑스어를 말할 수 없다'는 '프랑스어를 못한다'로 자연스럽게 해석할 수 있습니다.

주어는	할 수 없다
Nous	ne pouvons pas [느 뿌봉 빠]
Vous	ne pouvez pas [느 뿌베 빠]
Ils	ne peuvent pas [느 쁘브 빠]
Elles	

이번에는 3군 불규칙 동사인 'dormir(잠자다)'를 활용하여 부정문을 만들어 봅시다.

🌱 잠자다   ➡ dormir
                                     도흐미흐

🌱 잠잘 수 있다   ➡ pouvoir dormir

✔ 우리는 잠잘 수 없다.   → Nous ne pouvons pas dormir.

✔ 너희는/당신은 잠잘 수 없다.   → Vous ne pouvez pas dormir.

✔ 그들은 잠잘 수 없다.   → Ils ne peuvent pas dormir.

✔ 그녀들은 잠잘 수 없다.   → Elles ne peuvent pas dormir.

Tip 여기에서 '잠잘 수 없다'는 '잠을 못 잔다'로 자연스럽게 해석할 수 있습니다.

ÉTAPE 03 대화로 말해 보기

▶ 오늘 배운 문장들을 활용하여 대화를 나눠 봐요!

A | 너는 프랑스어를 말할 수 있니?   → Est-ce que tu peux parler français ?

B | 응, 나는 프랑스어를 말할 수 있어.   → Oui, je peux parler français.

A | 우리는 **지금** 노래할 수 있니?   → Est-ce que nous pouvons
(= 우리는 **지금** 노래해도 되니?)   chanter **maintenant** ?
        [망뜨넝]

B | 응, 너희는 노래할 수 있어.   → Oui, vous pouvez chanter.

🎯 미션 확인 오늘의 핵심 문장을 완벽하게 외워 봅시다.

A: 너는 프랑스어를 말할 수 있니?
→ Est-ce que tu peux parler français ?

B: 응, 나는 프랑스어를 말할 수 있어.
→ Oui, je peux parler français.

ÉTAPE 04 연습 문제

▶ 문제를 풀어 보면서 공부한 내용들을 완전히 내 것으로 만들어 봐요!

1 밑줄에 들어갈 알맞은 동사원형을 써 보세요.

1. 노래하다

2. 노래할 수 있다

3. 잠자다

4. 잠잘 수 있다

2 각 의문문에 알맞은 대답을 연결해 보세요.

1. Est-ce que tu peux parler français ? •

2. Est-ce que nous pouvons parler ? •

3. Est-ce qu'elle peut chanter maintenant ? •

4. Est-ce qu'ils peuvent chanter ? •

• a. Non, ils ne peuvent pas chanter.

• b. Oui, vous pouvez parler maintenant.

• c. Non, je ne peux pas parler français.

• d. Non, elle ne peut pas chanter maintenant.

3 주어진 낱말들로 문장을 만드세요.

1. 나는 프랑스어를 말할 수 있다. (français / je / parler / peux)

2. 너는 프랑스어를 말할 수 있니? (parler / peux / est-ce que / français / tu)

3. 우리는 잠잘 수 없다. (ne / pouvons / dormir / nous / pas)

_____

4. 그녀들은 지금 노래할 수 있다. (elles / maintenant / chanter / peuvent)

_____

4 **해석을 참고하여 프랑스어로 작문해 보세요.**

1. 그는 프랑스어를 말할 수 있니?

_____

2. 아니, 그는 프랑스어를 말할 수 없어.

_____

3. 우리는 지금 노래할 수 있니? (= 우리는 지금 노래해도 되니?) (Nous)

_____

4. 응, 너희는 지금 노래할 수 있어.

_____

5 **주어진 동사를 활용하여 문장을 만들어 보세요.**

danser [덩쎄] v. 춤추다

1. 나는 춤출 수 있다. _____

2. 우리는 지금 춤출 수 있니? (Nous) _____

3. 우리는 춤출 수 없다. (On) _____

4. 그들은 춤출 수 없다. _____

다음 중 알맞은 문장을 골라 체크해 보세요.

1. 우리는 춤출 수 있다.
(a. Nous pouvons chanter. / b. Nous pouvons danser.)

2. 그는 프랑스어를 말할 수 없다.
(a. Il ne peut pas parler français. / b. Il ne peut pas parler le chinois.)

3. 그녀들은 잠잘 수 없다.
(a. Elles peuvent dormir. / b. Elles ne peuvent pas dormir.)

 다음 질문에 대한 대답을 써 보세요.

1. Est-ce que tu peux parler français ?

(긍정) _____

2. Est-ce que vous pouvez dormir ? (너희)

(부정) _____

3. Est-ce qu'ils peuvent chanter ?

(긍정) _____

정답

1 1. chanter 2. pouvoir chanter 3. dormir 4. pouvoir dormir

2 1. c 2. b 3. d 4. a

3 1. Je peux parler français. 2. Est-ce que tu peux parler français ? 3. Nous ne pouvons pas dormir. 4. Elles peuvent chanter maintenant.

4 1. Est-ce qu'il peut parler français ? 2. Non, il ne peut pas parler français. 3. Est-ce que nous pouvons chanter maintenant ? 4. Oui, vous pouvez chanter maintenant.

5 1. Je peux danser. 2. Est-ce que nous pouvons danser maintenant ? 3. On ne peut pas danser. 4. Ils ne peuvent pas danser.

6 1. b 2. a 3. b

7 1. Oui, je peux parler français. 2. Non, nous ne pouvons pas dormir. 3. Oui, ils peuvent chanter.

표현 더하기

▶ 오늘 배운 내용과 관련된 다양한 표현을 익혀 봐요!

푸아그라
foie gras [푸아 그하]

푸아그라는 프랑스의 대표적인 요리로 주로 빵에 발라서 먹습니다. 언젠가 푸아그라를 즐겨 먹는 제 프랑스인 친구가 무화과잼까지 곁들여 먹으면 두 배로 맛있다고 이야기했던 기억이 나는데요. 여러분도 푸아그라를 드실 땐 무화과잼과 함께 드셔 보세요. 더 풍부한 맛을 느끼실 수 있을 거예요.

❗ 클라라 선생님의 꿀팁

vouloir, pouvoir 동사와 관련된 속담을 알려드릴게요!

꾸준한 노력으로 <SOS 프랑스어 말하기 첫걸음> 2탄의 막바지까지 오신 여러분께 진심 어린 박수를 보냅니다! 오늘은 지금까지 열심히 달려온 여러분께 응원의 메시지를 전하고자, 우리가 배웠던 vouloir 동사와 pouvoir 동사가 들어가는 프랑스어 속담을 하나 알려드리려고 해요.

그 속담은 바로 'Vouloir, c'est pouvoir [불루아흐 쎄 뿌부아흐]'인데요 그대로 직역하면 '원한다는 것은 할 수 있다는 것이다'이지만 '의지만 있다면 무엇이든 할 수 있다'라는 의미를 담고 있답니다. 여러분도 프랑스어를 잘하고 싶다는 의지 하나로 지금까지 포기하지 않고 열심히 달려 왔죠? 앞으로도 프랑스어를 향한 꾸준한 열정으로 계속해서 노력하는 여러분이 되시길 바라며 여러분의 무궁무진한 발전을 기원합니다!

Vouloir, c'est pouvoir !

문화 탐방

기름진 풍미의 '푸아그라'

음식 문화

프랑스를 대표하는 고급 요리를 떠올리면 달팽이 요리와 더불어 가장 먼저 떠오르는 음식이 바로 푸아그라입니다. 프랑스어로 foie는 '간'이라는 뜻의 남성 명사, gras는 '기름진'이라는 뜻의 형용사로, foie gras는 직역하면 '기름진 간'이라는 의미를 담고 있어요. 이번 시간에는 푸아그라의 유래에 대해 알아볼까요?

푸아그라는 4,500년 이상의 매우 긴 역사를 자랑하는 요리입니다. 고대 이집트 시대에 인류가 정착 생활을 시작하면서 사냥이나 식물 채취 대신 오리, 백조와 같은 가금류들을 직접 사육하며 생겨난 음식인데요. 고대 이집트인들은 거위들이 철을 따라 이동할 때 먼 거리를 이동할 수 있도록 평소보다 더 많은 양의 먹이를 섭취하는 현상을 발견했습니다. 그로 인해 거위의 간이 훨씬 더 비대해지고 지방이 쌓인다는 것을 깨달았습니다. 실제로 몇몇 가금류들은 본래의 무게보다 50%나 더 무거워지기도 했죠. 이러한 자연 현상을 사육 방식에 도입해 인위적으로 거위에게 먹이를 먹이는 가바쥬(gavage) 사육 기법이 생겨나게 되었답니다. 하지만 이러한 사육 기법은 동물 학대 논란으로 점점 금지되는 추세예요.

프랑스에는 17세기 태양왕 루이 14세(Louis XIV) 때에 왕궁의 셰프들에 의해 푸아그라가 알려지게 되었고 19세기에 이르러 본격적으로 푸아그라 산업이 발달하게 되면서 프랑스 전 지역으로 요리가 퍼져 나가게 되었습니다.

푸아그라는 주로 식사 전의 간단한 요리로 즐기는데, 빵에 발라 먹거나 불에 구워 스테이크처럼 썰어 먹는 것이 대부분입니다. 동물 학대 논란이 있는 음식이지만, 문화적인 측면에서 한 번쯤 알아 두면 좋을 것 같아요.

Leçon 24

Il fait beau.
날씨가 좋습니다.

학습 목표	• '날씨가 ~하다'라는 뜻의 비인칭 구문 학습하기 • 날씨 관련 형용사, 명사, 동사를 활용하여 날씨 표현하기

| 학습
단어 | **beau** [보] adj. (날씨가) 좋은 \| **mauvais** [모베] adj. 나쁜 \| **chaud(e)** [쇼(드)] adj. 더운 \| **froid(e)** [프후아(드)] adj. 추운 \| **vent** [벙] n.m. 바람 \| **soleil** [쏠레이으] n.m. 태양, 해, 햇빛 \| **nuage** [뉘아쥬] n.m. 구름 \| **temps** [떵] n.m. 날씨, 시간, 때 \| **aujourd'hui** [오쥬흐뒤] adv.n.m. 오늘 \| **pleuvoir** [쁠뢰부아흐] v. 비가 오다 \| **neiger** [네제] v. 눈이 오다 \| **quiche** [끼슈] n.f. 키슈 |

ÉTAPE 01 지난 시간 떠올리기

▶ 지난 시간 학습했던 내용들을 떠올려 볼까요?

 할 수 있다 pouvoir [뿌부아흐] (단수 인칭 변형)

지난 시간에는 영어의 조동사 can과 같은 의미인 3군 불규칙 동사 pouvoir를 학습했습니다. parler(말하다), chanter(노래하다), dormir(잠자다) 등 여러 동사원형을 활용한 표현들도 만들어 보았는데요. 상대방에게 허락을 구할 때도 마찬가지로 pouvoir 동사를 활용할 수 있다는 것 기억하고 계시죠? 본 강의에 들어가기 전에, 활용도 높은 pouvoir 동사의 단수와 복수 인칭 변형을 한번 훑고 가도록 합시다.

주어는	할 수 있다
Je	peux [쁘]
Tu	peux [쁘]
Il	peut [쁘]
Elle	
Nous	pouvons [뿌봉]
Vous	pouvez [뿌베]
Ils	peuvent [쁘브]
Elles	

⛰️오늘의 미션 · 학습이 끝나면 이 문장을 완벽하게 말할 수 있어요!

A: 오늘 날씨가 어때?

B: 날씨가 좋아.

✔ 숫자 **49 quarante-neuf** [꺄헝뜨 뇌프]

오늘의 학습

▶ 오늘 배울 내용들을 살펴보고, 머릿속에 차곡차곡 담아 볼까요?

1 날씨가 ~하다

드디어 2탄의 마지막 강입니다! 이번 시간에는 조금 더 특별한 내용을 다루려고 해요. 바로 일상생활에서 빼놓을 수 없는 날씨 표현입니다. 날씨를 표현할 때 사용되는 비인칭 구문과 함께 날씨를 묘사할 때 쓰이는 형용사들, 그리고 바람, 태양, 구름과 같은 명사들도 함께 알려드릴 예정이니 즐거운 마음으로 마지막 수업을 시작해 봅시다.

1) Il fait [일 페] + 형용사

'날씨가 ~하다'라는 표현을 할 때에는 비인칭 주어 il과 '하다'라는 의미의 3군 불규칙 동사인 faire를 활용한답니다. il fait 뒤에 날씨 관련 형용사만 붙여 주면 완성이에요. 지금부터 함께 만들어 볼까요?

❶ 형용사

좋은	나쁜
beau	mauvais
[보]	[모베]

> **Tip** 주어가 il이므로 형용사도 남성형을 사용합니다.

- 날씨가 ~하다 → Il fait
- 날씨가 좋다. → Il fait beau.
- 날씨가 나쁘다. → Il fait mauvais.

더운	추운
chaud	froid
[쇼]	[프후아]

- 날씨가 덥다. → Il fait chaud.
- 날씨가 춥다. → Il fait froid.

날씨가 ~하다

날씨를 표현할 수 있는 두 번째 방법은 다음과 같습니다. '~ 있다'라는 뜻의 'il y a 구문' 기억하시나요? 그 뒤에 날씨와 관련된 명사만 붙이면 마찬가지로 '날씨가 ~하다'라는 표현을 할 수 있답니다. 바람이나 햇빛은 셀 수 없는 명사이기 때문에 당연히 부분관사를 사용해야겠죠?

1) Il y a + 부분관사 + 명사

❶ 부분관사 + 단수 명사

바람	태양, 해, 햇빛
le vent	le soleil
[르 벙]	[르 쏠레이으]

바람	태양, 해, 햇빛
du vent	du soleil
[뒤 벙]	[뒤 쏠레이으]

💬 바람이 분다. ➡ Il y a du vent.

💬 해가 있다.
　 (= 날씨가 맑다.) ➡ Il y a du soleil.

 부분관사 de

부분관사 남성 단수와 여성 단수를 배웠으니 마지막으로 복수 형태를 배워 볼까요? 여성, 남성 상관없이 복수형일 때에는 모두 동일한 형태랍니다. 잘 기억해 두세요!

> **부분관사의 특징**
> - 뜻: 약간의
> - 정해지지 않은 양을 나타낼 때 사용

남성, 여성 복수
des
[데]

❶ 부분관사 + 복수 명사

구름들	구름들
les nuages	des nuages
[레 뉘아쥬]	[데 뉘아쥬]

Tip 구름은 한 점만 있는 것이 아니므로 복수 형태로 씁니다.

 구름이 끼었다.　　　　　　➜ Il y a des nuages.

4　그 외 날씨를 나타내는 동사 (비가 오다, 눈이 오다)

il fait 구문과 il y a 구문을 활용하여 날씨를 묘사하는 방법을 알려드렸습니다. 마지막으로 날씨를 나타내는 동사 두 가지를 더 알려드리려고 해요. 바로 'pleuvoir(비가 오다)' 그리고 'neiger(눈이 오다)'입니다. 이 두 동사는 날씨를 표현할 때만 사용되기 때문에 비인칭 주어 il일 때의 변화형만 존재한답니다. 발음에 유의하면서 함께 읽어 볼까요?

비가 오다	비가 온다
pleuvoir	Il pleut
[쁠뢰부아흐]	[일 쁠뢰]

눈이 오다	눈이 온다
neiger	Il neige
[네제]	[일 네쥬]

5　날씨 묻기

이제 날씨를 묘사하는 것은 완벽하게 마스터했습니다. 그렇다면 오늘의 날씨는 어떠한지 묻는 표현도 알고 가는 것이 좋겠죠?

날씨, 시간, 때
le temps
[르 떵]

 날씨가 어때?　　　　　　➜ Quel temps fait-il ?
　　　　　　　　　　　　　　　　　껠　　떵　　페띨

 오늘 날씨가 어때?　　　　➜ Quel temps fait-il aujourd'hui ?
　　　　　　　　　　　　　　　　　껠　　떵　　페띨　　오쥬흐뒤

A| 오늘 날씨가 어때? → Quel temps fait-il aujourd'hui ?

B| 날씨가 좋아. → Il fait beau.

해가 있어. Il y a du soleil.

A| 오늘 날씨가 어때? → Quel temps fait-il aujourd'hui ?

B| 날씨가 안 좋아(나빠). → Il fait mauvais.

A| 지금 비가 오니? → Il pleut maintenant ?

B| 응, 비가 와. → Oui, il pleut.

미션 확인   오늘의 핵심 문장을 완벽하게 외워 봅시다.

A: 오늘 날씨가 어때? → Quel temps fait-il aujourd'hui ?

B: 날씨가 좋아 → Il fait beau.

연습 문제

▶ 문제를 풀어 보면서 공부한 내용들을 완전히 내 것으로 만들어 봐요!

① **밑줄에 들어갈 알맞은 형용사(남성 단수형)를 써 보세요.**

1. (날씨가) 좋은

2. 나쁜

3. 추운

4. 더운

② **주어진 낱말들로 문장을 만드세요.**

1. 오늘 날씨가 어때? (il / quel / - / fait / temps / aujourd'hui)

2. 해가 있다. (a / du / il / soleil / y)

3. 지금 비가 온다. (pleut / maintenant / il)

4. 구름이 끼었다. (des / y / il / nuages / a)

③ **해석을 참고하여 프랑스어로 작문해 보세요.**

1. 지금 눈이 오니?

2. 날씨가 안 좋아. 바람이 불어.

3. 날씨가 더워. 해가 있어.

_____

4. 날씨가 안 좋아. 구름이 끼었어.

_____

 주어진 형용사를 활용하여 문장을 만들어 보세요.

| sec [쎅끄] adj. 메마른, 건조한 | gris [그히] adj. (날씨가) 흐린 |

1. 날씨가 건조하다. _____

2. 날씨가 흐리다. _____

3. 날씨가 건조하니? _____

4. 날씨가 흐리니? _____

표현 더하기

▶ 오늘 배운 내용과 관련된 다양한 표현을 익혀 봐요!

키슈
quiche [끼슈]

키슈는 달걀을 주재료로 한 프랑스 가정식입니다. 달걀에 크림을 넣고 취향에 맞게 재료를 추가한 다음 오븐에 구우면 완성되는 간단한 요리인데요. 기호에 따라 차게, 또는 따뜻하게 먹을 수 있답니다. 주로 간식이나 전채 요리로 먹지만 가벼운 한끼 식사로도 손색이 없으니 꼭 맛보시기 바라요!

❗클라라 선생님의 꿀팁

프랑스어로 계절을 알려드릴게요!

프랑스는 우리나라와 마찬가지로 사계절이 명확하며 지역별로 다양한 기후적 특성을 갖습니다. 이번 수업을 통해 날씨를 묘사할 수 있는 다양한 비인칭 구문과 관련 명사, 형용사까지 배웠으니 더 나아가서 이번에는 프랑스어로 봄, 여름, 가을, 겨울을 배워 볼까요?

- **printemps** [프항떵] **n.m.** 봄   ▶ C'est le printemps. 봄이다.

- **été** [에떼] **n.m.** 여름   ▶ C'est l'été. 여름이다.

- **automne** [오똔느] **n.m.** 가을   ▶ C'est l'automne. 가을이다.

- **hiver** [이베흐] **n.m.** 겨울   ▶ C'est l'hiver. 겨울이다.

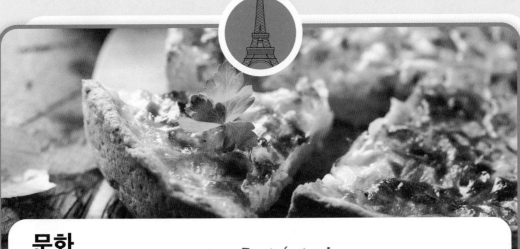

France

문화 탐방   부드럽고 짭조름한 '키슈'

음식 문화

달걀, 생크림, 그리고 짭조름한 베이컨을 반죽에 섞어 만드는 프랑스 로렌 (Lorraine) 지방의 요리, 키슈를 아시나요? 키슈는 독일어로 '케이크'를 의미하는 '퀴헨(Kuchen)'이라는 단어와 케이크와 유사한 조리 방법 때문에 생겨난 이름입니다. 그렇다면 키슈가 독일 단어에서 유래된 이유는 무엇일까요? 간단하게 그 역사를 살펴봅시다.

독일과 국경을 접하는 로렌 지방은 역사적으로 프랑스의 통치뿐만 아니라 수세기 동안 독일의 통치도 받았던 지역입니다. 그래서 두 나라의 특성을 골고루 담고 있어요. 로렌 지역의 전통 요리라 불리는 키슈가 독일어에서 유래된 이유를 여기서 알 수 있겠죠?

달걀과 생크림 외에 어떤 추가적인 재료가 들어가느냐에 따라 키슈의 종류가 달라지는데, 프랑스는 지역별로 다양한 키슈 레시피가 있답니다. 그리고 키슈의 이름에 지역 이름이 덧붙는데요. 그 중에서도 키슈 로렌(quiche lorraine)은 '로렌 지역의 키슈'라는 뜻으로 프랑스인들이 가장 즐겨 찾는 종류 중 한 가지랍니다. 기름진 고기와 버터, 생크림, 계란 등이 주재료인 키슈 로렌에는 채소가 들어가지 않는 것이 특징입니다.

채소를 정말 좋아하는 분들이라면 키슈 로렌이 다소 무겁게 느껴질 수 있을 텐데요. 그럴 땐 파로 만든 키슈(quiche aux poireaux)나 시금치로 만든 키슈(quiche aux épinards)를 드셔 보세요. 키슈는 만드는 방법도 아주 간단하고 기본 재료도 달걀, 생크림, 베이컨이 전부이니 한번 도전해 보시는 것도 좋을 것 같아요.